大
方
sight

阿尔吉侬、查理 与我

Algernon Charlie and I

我的创作回忆和
小说初始版

A Writer's Journey

by Daniel Keyes

［美］丹尼尔·凯斯 —— 著
刘绯 ——— 译

图书在版编目（CIP）数据

阿尔吉侬、查理与我：我的创作回忆和小说初始版 /
（美）丹尼尔·凯斯著；刘绯译 . -- 北京：中信出版社，
2025.1. -- ISBN 978-7-5217-6837-4

Ⅰ.I054

中国国家版本馆 CIP 数据核字第 2024NM9562 号

Algernon, Charlie and I: A Writer's Journey
Plus the novelette version of "Flowers for Algernon" © 1999 by Daniel Keyes
Simplified Chinese translation copyright © 2025 by CITIC Press Corporation
ALL RIGHTS RESERVED
本书仅限于中国大陆地区发行销售

阿尔吉侬、查理与我：我的创作回忆和小说初始版
著者： ［美］丹尼尔·凯斯
译者： 刘绯
出版发行：中信出版集团股份有限公司
（北京市朝阳区东三环北路 27 号嘉铭中心　邮编　100020）
承印者：保定市中画美凯印刷有限公司

开本：880mm×1230mm 1/32　　印张：6.25　　字数：173 千字
版次：2025 年 1 月第 1 版　　　　　印次：2025 年 1 月第 1 次印刷
京权图字：01-2024-4613　　　　　　书号：ISBN 978-7-5217-6837-4
定价：49.00 元

版权所有·侵权必究
如有印刷、装订问题，本公司负责调换。
服务热线：400-600-8099
投稿邮箱：author@citicpub.com

献给我的妻子奥雷娅，
有她精心呵护花园，
"……鲜花"才得以盛开。

目 录

第一章　时间的迷宫　　　　　　　　　　001
　　1/ 我的写作素材　　　　　　　　　　003
　　2/ 小白鼠　　　　　　　　　　　　　008
　　3/ 第二幕　　　　　　　　　　　　　013
　　4/ 摔碎盘子　　　　　　　　　　　　018
　　5/ 船上的医生　　　　　　　　　　　026

第二章　离开海军　　　　　　　　　　039
　　6/ 墨迹　　　　　　　　　　　　　　041
　　7/ 书山上的男孩　　　　　　　　　　046
　　8/ 沉默的精神分析师　　　　　　　　053
　　9/ 首次发表小说　　　　　　　　　　059
　　10/ 编辑杂志和撰写漫画故事　　　　066

第三章　用精神力量解决具体问题　　　　　073

11/ 寻找查理　　　　　　　　　　075

12/ 查理找到我　　　　　　　　　078

13/ 到达　　　　　　　　　　　　083

14/ 拒绝与接受　　　　　　　　　091

第四章　写作炼金术　　　　　　　　　　097

15/ 演变——从中篇小说、电视剧到长篇小说　　099

16/ 再次被拒绝　　　　　　　　　104

17/ 爱与结局　　　　　　　　　　110

18/ 我们找到了归宿　　　　　　　117

第五章　作品发表后的感伤　　　　　　　123

19/ "不要遮掩你的锋芒"　　　　125

20/ 作家什么时候会像圣人　　　130

21/ 查理奔赴好莱坞　　　　　　132

22/ 百老汇的反响　　　　　　　138

23/ 后来发生了什么　　　　　　146

后记　　　　　　　　　　　　　　　　　152

致谢　　　　　　　　　　　　　　　　　156

《献给阿尔吉侬的花束》原始中篇小说　　159

第一章
时间的迷宫
The Maze of Time

1/ 我的写作素材

我不曾想过这些事情会发生在自己身上。

我从小就高度近视,离开眼镜什么都看不清楚,觉得自己总有一天会瞎。所以我便防患于未然。我努力保持整洁,将每一件东西都放在固定的地方。我还蒙住双眼,练习摸黑找东西。值得骄傲的是,我能在黑暗中迅速地找到自己想要的东西。

但是我没有瞎。事实上,戴上眼镜,我的视力很不错。

我不用眼睛看就能找到自己的大部分东西,并非因为我记得它们放在哪里,而是因为我摆放得十分仔细,而且很有逻辑。我必须记住它们放在哪里。可是我从未想过自己会遇到这种事情。我到外面去做事或者走到另一个房间拿东西,却不得不停下来回想我要找什么,并且过一会儿才能想起来。尽管这只是暂时现象,但令我感到恐惧。我想起了查理·戈登在《献给阿尔吉侬的花束》结尾处说的话:"我记得我做了一些事,但不记得是什么。"

我为什么会想起自己四十多年前在小说里描绘的人物?我试图将其从脑海中驱除,但是他不肯离去。

查理一直困扰着我,所以我必须找出原因。

我认为摆脱他的唯一办法,就是穿越时间的迷宫找到他的起源,并清除有关他的记忆。或许在这个过程中,我还能发现自己在什么时候、如何以及为什么成为一个作家。

万事开头难。我告诉自己:你已经有了素材,所以无须杜撰,需要做的就是回忆和整理。而且,你无须虚构一个叙述者,以他的口吻去讲故事、写小说。你只需要写下你的创作经历,回忆起自己的生活如何幻化成了查理·戈登的生活。

我想起了故事的开篇:

> 斯特劳斯博士说,从现在开始,我因该写下自己想到和发生在自己生上的每一件事。我不知道为什么,可他说这非常重要,这样他们才会知道能不能用我。我希望他们用我。金妮安小姐说他们可能会把我变聪明。我想做个聪明人。我叫查理·戈登〔……〕[1]

尽管小说原本是这样开头的,但事情并非如此开始,而且不像小说结尾处描写的那样结束:"到后院……献上一束花……"。我清晰地记得突然从哪里获得了有关这个故事的灵感。

1945年4月一个天气凉爽、空气清新的早晨,我爬上了萨特大道车站——坐落在布鲁克林区布朗斯维尔——的台阶。我要在站台等十到十五分钟,才能乘车去曼哈顿,然后从那里换乘市内线去纽约大学华盛顿广场校区。

我记得当时自己不知道去哪里找钱付秋季学期的学费。入学第一年,我就花光了打几份工攒下的大部分钱,剩下的钱根本不够支付另外三年的学费。

我从钱包里掏出一枚五分硬币,看着它不禁想起了父亲威利曾经对我说过的话。在经济大萧条时期,他每天早晨都要从我们那套两居室的公寓走十英里路,穿过布鲁克林区和曼哈顿桥去上班,晚上再原路走回家。他

---

[1] 引文中的错别字为原文风格,在此保留。——编者注

这样做就是为了省下两枚硬币。

父亲经常在我熟睡之际就摸黑离开家。但有时候我偶然早起，便能看见他坐在厨房餐桌前蘸着咖啡吃面包卷，那就是他的早饭。而我的早饭总会有热麦片粥，有时候甚至有鸡蛋。

看着他凝视着天空，我以为他的脑海中是一片空白。但我现在明白了，他是在盘算如何偿还债务。吃完早饭，父亲就站起来把我高举到头顶，告诉我在学校要乖，努力学习，然后把我放下，出门去上班。很久以后我才知道，父亲是羞于出门干活的。

我手中握着的这枚硬币，或许正是父亲积攒下来的。

我将硬币投入孔中，推开旋转门走进了站台。或许有一天我会沿着父亲的足迹，从布朗斯维尔走到曼哈顿，体验一下父亲的感受。我这样想过，但没有付诸实施。

这些经历和情景被储存在我大脑的"地窖"里，在黑暗中冬眠，直至在小说中派上用场。

对于这些资料和记忆，大多数作家都有自己的比喻。威廉·福克纳[1]将自己写作的地方称为"工作室"，而将储存记忆的地方称为"木柴房"，需要写作素材时便从中提取。

我储存记忆的地方在地窖里靠近炉子的角落。房东允许我的父母在楼梯下面存放物品。长大以后，我有一次爬下地窖的楼梯，发现父母把我小时候的玩具都藏在那里。

我看到了自己的棕色玩具熊和充气长颈鹿，还有玩具工具、建筑模型、三轮车、旱冰鞋和儿童读物——一些小画书上还留着蜡笔涂抹的痕迹。我一直不知道为什么自己玩腻的玩具都不见了，而又出现了一些新的玩具。看见这些东西我才解开了心中的疑团。

---

[1] 威廉·福克纳（William Faulkner，1897—1962）：美国作家、意识流文学代表人物，代表作有《喧哗与骚动》《我弥留之际》《押沙龙，押沙龙！》等。——本书脚注如无特殊说明，均为译者注

即使是现在,我依然能闻到潮湿的空气和堆在壁炉旁的煤散发出的味道。我看到从地窖窗口伸进来的铁铲插进煤箱,然后,几乎是立即,就听到了煤滑进炉膛的声响。我们的房东平卡斯先生打开炉子的铸铁门,用铁棍拨着煤。于是,我闻到了潮湿的煤味,感觉到了火焰的热度。

在煤箱和炉子间的某个地方——在我内心深处,储藏着各种想法、图像、场景和梦想。它们就在黑暗中等待着,随时准备满足我的需要。

等车时我回忆起存放童年玩具的地方,想起了自己的双亲。有趣的是,他们各自的父母做出了同样的选择——从欧洲去了加拿大,后来又到了纽约。我的父母贝蒂和威利在纽约相识后不久就结婚生子。我是他们的第一个孩子,出生于1927年。那一年林德伯格[1]从纽约直接飞到了巴黎,阿尔·乔尔森则出演了首部有声电影《爵士歌王》。

在那个后来被称为"爵士时代"的充满希望和富足的年代,我的父母与许多美国新移民一样,热衷于参加各种聚会,到氛围自由的公众场合跳"查尔斯顿"小步舞,喝禁止销售的杜松子酒。

我时常在想,母亲那些已经发黄了的照片都到哪里去了?照片中的母亲梳着短发,一双黑眼睛充满了哀怨。我喜欢听她看着两分钱一张的歌谱唱流行歌曲,有时候还会随着她一起唱。我们最喜欢唱的歌是《烟雾迷住了你的眼睛》。

威利小时候在魁北克为猎户打工,为了卖皮货学会了英语、法语和俄语,还能讲几句加拿大印第安语。他和我母亲都没有受过多少正规教育,可我从小就明白他们尊崇教育,希望我能好好上学。

然而,我十几岁的时候就发现,我学得和懂得的越多,和他们沟通就越困难。我与他们渐行渐远,自己沉浸在充满书籍和故事的世界里。

---

[1] 查尔斯·奥古斯都·林德伯格(Charles Augustus Lindbergh,1902—1974):美国飞行员、社会活动家,是首个不着陆飞越大西洋的人。

很小的时候，父母就决定让我将来做一名医生。我问他们为什么，父亲答道："因为医生就像上帝一样，能够救死扶伤。"

母亲接着答道："你小时候乳突感染，得了双肺炎，是一个优秀的医生救了你的命。"

父亲又说："我们希望你也能治病救人。"

我认可他们的理由和期望。因此，我决定努力学习，并多打几份工，挣钱上医学院。我一定要成为一名医生！我爱自己的父母，因而放弃了成为作家的梦想，将上医学院预科作为自己的奋斗目标。

但私下里我却想，能不能既做医生又当作家呢？我从书中了解到，英国小说家萨默塞特·毛姆学的是外科，后来随船出海，当了一名船上医生。俄国作家契诃夫的专业是医药学，却用笔名"没有病人的医生"在报纸杂志上发表了他早期创作的小说和随笔。柯南·道尔作为一名眼科医生不足以为生，于是利用营业时间在空荡的诊室里撰写歇洛克·福尔摩斯的故事。

一个英格兰人、一个俄国人和一个苏格兰人都从医生变成了作家。踏着他们的足迹，我或许也能在满足父母愿望的同时实现自己的理想。

然而，我很快就发现了这个想法的不足之处。在成为成功的作家之前，三个人的医生生涯都很失败。

载满了乘客的列车进站了。我上了车，但没有费心去找座位。当时正值交通高峰，在去联合广场的半小时路程中，我得一直站着。我挤过上班的人群，走到车厢中央的白色栏杆旁，在摇摇晃晃的列车上站稳。大部分乘客都抬头向上望着，躲避着他人的目光，感觉十分压抑。我也不例外。

在纽约大学的第一个学年即将结束，我心想："正是教育使我和自己所爱的人产生隔阂。"又不禁自问："如果能变得更聪明一点，会发生什么情况？"

那天早晨，在列车发出哐当、哐当的声响穿过通往曼哈顿的隧道之时，我产生了以下两个想法：教育能够使人们产生隔阂；故事讲述者的"如果……会发生什么？"亦然。

那天晚些时候，小白鼠出现了。

2/ 小白鼠

列车驶入了第八街车站，从那里到纽约大学华盛顿广场校区的路程很短。

我在校区主楼大门对面的一家卖甜甜圈和咖啡的商店前停下来，正巧看到一个朋友站在柜台前。他指着身旁的一个空凳子向我招招手。我们在布鲁克林的托马斯·杰斐逊中学一起念过高中，但没有什么来往。他的身高超过一米八，而我仅有一米五几。

后来我们发现对方也在念医学院预科，而且都在纽约大学上生物学课程，因此成了朋友。我们一起学习，一起准备考试。由于我们身高差距甚大，大家都叫我们"默特和杰夫"——一部很流行的动画片中的两位主角。我则叫他"大个儿"。

我吃甜甜圈的时候，"大个儿"对我说："嗨，看到通知了吗？如果你自愿参军，就不用参加年终考试。"

"你瞎说吧？"

"周五的报纸上登载了，"他答道，"任何学生只要在年满18岁之前的三个月内登记服役，都可以自己选择兵种；而在那之后就只能当步兵了。我准备去参加海军。"

"8月9日我就年满十八了，"我说，"离现在正好三个月。可我视力这么差，军队不会要我的。"

"你想试试吗？死了那么多人，有口气的他们都会要。"

我们付了账，穿过马路向纽约大学的校门走去。

我相信"大个儿"会被海军录取,因此十分嫉妒他。我喜欢大海,至少向往海上的生活。16岁的时候,也就是在高中的最后一年,我加入了美国海军童子军。我们那艘侦察艇——S.S.S. 荷兰飞人——是一艘由旧交通艇改装成的游艇。春假期间,我们将船身的旧漆刮掉,涂上了新漆。夏天的时候,我们就乘着它在东河[1]来回巡逻。

每次召开新童子军宣誓大会时,船长都会给大家讲这艘船的传奇故事:在满载着黄金的 S.S.S. 荷兰飞人上发生了一场残酷的杀戮,紧接着水手中又暴发了一场瘟疫。于是,所有的港口都不允许这艘船停靠。听水手们说,这艘幽灵般的船仍然在海上漂泊着,上面的水手永远也回不了家。据说时至今日,海上有暴风雨的时候仍能在好望角发现它的踪影。它永远摆脱不了厄运。

这个故事船长每次讲的都不一样,于是我变得十分好奇,开始编自己的故事:船长并没有告诉我们其他一些传说,譬如如果船长能够找到一个愿意为他奉献一切的女人,就可以解除对这艘船的诅咒。

我把这个说法告诉了其他童子军,于是在布鲁克林的普罗斯佩克特公园招收女兵的时候,所谓的"胜利女孩"就成了我们的目标。这些女孩必须愿意为出征的男孩奉献一切。

我们还假装是水手。我们的制服和海军军服只有两个地方不一样:我们衣领后面缀的不是星星而是锚,前胸左面的口袋上有 B. S. A. 几个字母,意为美国童子军。当女孩质疑我们的身高时,我们就说那是因为我们是开潜艇的;被问及 B. S. A. 的意思时,就告诉她们那是"战斗中队 A"(Battle Squadron A)的意思。

那些女孩从未怀疑过锚的事。

我们在普罗斯佩克特公园找到了很多"胜利女孩",那些经验丰富、长相英俊的童子军都找到了心仪的女孩,可我没有找到愿意为我奉献

---

1 东河:美国纽约州东南部的海峡,位于曼哈顿岛与长岛之间。

的人。

那天早晨,我和"大个儿"一同乘电梯去纽约大学更衣室的时候,我对他说:"我也想当海军。但因为视力不好,我估计自己只能当个步兵。"

"当海军没那么难,他们对身体的要求不高,而且交了商船税的人还能免于应征入伍。"

"要是这样的话,我还有机会为国效力。"

"没错,对付水雷和鱼雷的威胁可是个危险活儿。据说在摩尔曼斯克遇难的商船海员比海军水手还要多。"

我们从更衣室的柜子里拿出实验服,向实验室走去。"我那些朋友可不会在文件上签字。"

"如果解释清楚了替代方案,他们会的。"

我闻到了一股浓烈的甲醛味,感到十分奇怪。走进实验室,我看到每个学生面前的大理石工作台上都摆着一个被盖住的盘子。我刚要伸手揭盖子,便听见教授喊道:"不要揭开你们面前盘子的盖子!"

实验室助理逐个走到每个学生面前,将一个裹着的解剖包和一双橡胶手套放在盘子前。等他发放完毕,教授又对我们喊道:"戴上手套,打开盖子。"

我揭开盖子,惊讶地看到里面躺着一只死去的小白鼠。

"今天,"教授说,"你们要解剖一个真正的标本。"

我知道进生物实验室是要做解剖的,但没想到事先不打招呼。教授显然是想给学生们一个惊喜。我倒不在意这些,既然要当外科医生,我就得把生物作为医学预科的必修课。

在童子军里,我佩戴的是紧急救援徽章,于是在海上巡逻的时候,我便当起了"船上的医生"。我负责治疗和包扎伤口,因而习惯了伤口的血腥味。我让自己的心变得坚强起来。

有一次"荷兰飞人"在周末到东河巡逻,大家都觉得船上糟糕的食物难以下咽。于是,我又当起了"船上的厨师",因为我在快餐店打工的时候做过三明治。那次出海大家编了个笑话：我既可以作为医生杀人，又可以作为厨师毒死大家。

解剖老鼠对我来说是小菜一碟！

"打开你们的解剖工具包，"教授说着在黑板上挂了一张展示小白鼠内脏的图，"现在，用解剖刀在你们的标本上划开一道切口，从脖子开始，穿过腹部直至尾部，然后用镊子将皮剥下。"

我按照教授说的做了，下刀又快又干净利落。我的标本是只雌鼠。

"接下来，将它们的内脏切下来放在培养器里并贴上标签。"

我那只小白鼠的子宫胀得老大。一刀切下去，我惊讶地发现里面竟然有许多蜷缩在一起的胎儿，它们都闭着眼睛，我吓得离开了桌子。

"你的脸色苍白。"坐在我旁边的同学说道。

一开始我只是感到害怕，现在却感到悲伤。为了做这个解剖，我杀死了几条幼小的生命！

我旁边的女同学伸过头来看。我还没有来得及阻止，她已经吓得晕了过去，将桌前的工具啪的一声撞翻在地。实验室助理赶紧拿来嗅盐，将她唤醒。教授让我们继续解剖，他的助理则把女同学送到了医务室。

然而，我这个未来的伟大外科医生却被眼前发生的事惊呆了。想到要清理那些胎儿，我恶心得直想吐。我冲出实验室，跑进洗手间，一边洗着手和脸，一边望着镜子中的自己。我必须回到实验室，继续完成自己的工作。

几分钟后，我回到了实验室。

我为自己的逃跑感到尴尬，为了掩饰刚才的过激反应，我轻声哼道："分发香烟代替雪茄，因为我是你们这些小崽子骄傲的教父。"

大家笑起来，有人过来拍拍我的背，有人向我表示祝贺。这样我的情绪才稳定了下来。解剖终于完成了，我的脑海里响起了歌声：

三只瞎老鼠，跑得快。

追着农夫婆娘跑得快。
婆娘挥起刀,瞎老鼠尾巴断。
没有见过,三只老鼠跑得快!

"做得不错,"教授查看完我的作业说,"给你一个 A。"

走出实验室的时候"大个儿"打趣道:"碰上个怀孕的,你运气可真好!"

那天晚上,我翻开英国文学选集,准备第二天有关英国诗人的考试。我扫了一眼目录,看到了"阿尔吉侬·查理·斯温伯恩"(Algernon Charles Swinburne)。这个名字真特别,我想。

3 / 第二幕

我虽然一直想当作家,却不知道自己要写什么。读过纳撒尼尔·韦斯特[1]描写好莱坞的恐怖故事《蝗灾之日》后,我便排除了写电影剧本的可能。

剩下的就只有戏剧、短篇或长篇小说了。这几类书我都读过很多,可是我只参加过学校的演出。三年级的时候我上过一次台,扮演一位祭司。我充满感情地用低沉的声音对阿兹特克国王说:"你的日子屈指可数了,蒙特祖马。"

仅此而已。

十几岁的时候,我对曼哈顿充满了遐想。它是哈得孙河上的巴格达,是艺术和出版之都,百老汇剧院也在那里。乘车去那个圣地只需一枚硬币,在那里三分之二的戏是不用花钱就能看的。我要做的就是在第一幕演完之后混入出来吸烟的人群。当第二幕开始的铃声响起后,我就随着人群走进剧院,在灯光暗下来之前迅速找个地方坐下。我把它叫作"第二幕"。

1942年我14岁的时候,剧院里演的是《九死一生》[2]。上高中的时候我

---

1 纳撒尼尔·韦斯特(Nathanael West,1903—1940):美国作家、编剧,被誉为"与菲茨杰拉德携手戳破美国梦的讽喻奇才",代表作有《寂寞芳心小姐》《蝗灾之日》。
2 《九死一生》(*The Skin of Our Teeth*):美国小说家、剧作家桑顿·怀尔德(Thornton Wilder,1897—1975)创作的讽刺道德剧,题材大多出自小说家詹姆斯·乔伊斯的小说《芬尼根守灵夜》。

读过桑顿·怀尔德写的《我们的小镇》[1]，也看过同名电影，即将看到他的戏令我十分兴奋。

我足够聪明，不会在周末去，而是选择工作日的晚上。我穿上蓝色的海军制服，戴上一条旧式领带便乘地铁前往时代广场。那天我去得早，于是前往剧院区之前在林迪餐厅外转了一会儿，从窗户向里面张望。我想象着达蒙·鲁尼恩[2]笔下的骗子、赌徒、黑帮还有红男绿女在那里聚集一堂。鲁尼恩把这叫作"心灵聚会"。我要是有钱，一定会进去坐在窗户旁，一面望着百老汇过往的人群，一面吞食鲁尼恩推崇备至的奶酪蛋糕。

我停止了想象，开始琢磨怎么混进剧院。看不上《九死一生》的第一幕，我并不在意。我通常能想象出开幕的情景，所以看不上第一幕也没有关系。我可以自己想象一个开端，将剧中人物和故事引入。那段时间，我看了不少第二幕和第三幕，却从来没有看过第一幕。

剧终时，我总是边和其他观众一起鼓掌，边想象着剧作家辉煌一生的幕布是如何在公演之夜落下的。欢呼声、鞠躬、花束，然后他会去萨尔迪餐厅庆祝，喝着香槟酒，吃着鱼子酱，等着看《纽约时报》发表的最新评论。

一开始，那天与以往并无不同。我混入在马路边上抽烟的人群，从想象中的金色烟盒里抽出一支烟点燃。我夹在那些掏钱买票的观众之间，听他们谈论第一幕的演出，从中搜集有关开场的线索。

第二幕开场的铃声响起，我随着观众走进剧场。越过他们的头，我瞥见了弗里德里克·马奇[3]和塔卢拉赫·班克黑德[4]真人般大小的宣传头像。

---

[1] 《我们的小镇》(*Our Town*)：桑顿·怀尔德的戏剧杰作，描绘了格罗佛斯角小镇的日常生活，讲述了人类从出生到死亡的循环过程。
[2] 达蒙·鲁尼恩（Damon Runyon, 1884—1946）：美国记者、短篇小说家。
[3] 弗里德里克·马奇（Fredric March, 1897—1975）：美国电影男演员，获第五届奥斯卡最佳男主角奖。
[4] 塔卢拉赫·班克黑德（Tallulah Bankhead, 1902—1968）：美国戏剧、电影女演员。

当然,这两个人我都在电影里见过。那天晚上,我将看到他们在舞台上出演桑顿·怀尔德的戏剧。

走进剧场,我站在后面搜索空座位,准备在灯光暗下来之前坐进去。我看到中间过道旁有两个空位子,可我向那边走去时却被后来进入的人挤到了一旁。

此时我才发现,那天的观众要多于往常。我走到墙边,借着逐渐暗下来的灯光搜索着,眼睛已经习惯了黑暗。座位上都有人。要不然去楼上试试?都到这时候了,应该没有问题。我转过身,两步并做一步地上了楼。我发现了一张节目单,把它塞进了上衣口袋,然后向一排座位中央的空位走去。

我刚坐下,旁边的一位夫人就看着我说:"你干什么?这是我先生的座位。"

"对不起,"我说,"找错行了。"

我起身向外挤的时候,迎面碰上了一个大胖子,害我等了很长时间。我只好又向另一头挤,被我踩到脚的人不停地抱怨着。

一个拿着手电的领座员正在那里等着我:"能看看你的票吗?演出就要开始了。"

我的心怦怦直跳,假装在口袋里寻找:"一定是掉在哪儿了,我就放这儿了。"

她不相信地看着我:"楼上没有空座。"

"我下楼去找找看。"

"我领你去吧。"

"不必了。"我小声说,急忙离开。可是我踏空了最后一级台阶,摔倒在地上。

"先生,伤着了吗?我带你去经理办公室吧。"

"不,不需要。我没事儿。"

我急忙跑下楼,来到了空荡荡的门厅。我看到巨幅海报上贴着一个通知,上面写着"今晚演出票已售罄!",由于被涌进剧场观看第二幕的观众挡住,所以我刚才没有看到。

愚蠢!愚蠢!我真是太愚蠢了!

我走出大厅来到街上。回头望去,我发现挂在剧院门廊下的横幅标语正在嘲笑我。"九死一生"!

我沿着百老汇向北朝中央公园南门走去,心里想着自己一路上可能会有什么奇遇。天色已晚,我没有进公园,而是坐在一张长椅上望着附近的豪华酒店。"埃塞克斯大酒店"的名字吸引了我的注意,我想象着住在那里的富人过着怎样的生活。总有一天,我要站在酒店的窗户前向下俯瞰我现在坐的地方。

穿过剧院区往回走向地铁站的时候,我看到街上到处都是从剧院里出来的观众。有些人站在那里等豪华轿车或者出租车,还有人向灯火辉煌的百老汇走去。

我再次融入了人群,好像与他们走在一起就能成为他们中的一员。看到很多人手中都拿着节目单,于是我从衣袋里掏出自己的那张,以示我也属于他们的世界。

一些人去了萨尔迪餐厅,我也随着他们进入,四下张望着。他们入座后,我看到服务员走过来,就向他挥挥手中的节目单,询问洗手间的位置。离开萨尔迪餐厅,我继续向地铁站走去,一路上想象着那出没有看到的剧是什么情景。可是我想象不出。于是,在返回布鲁克林的路上,我自己编了一个:一个男孩去百老汇看话剧第二幕的奇遇,还有惊险的逃脱——"九死一生"。

在二十五年后的 1967 年,我获得了麦克道尔文艺营设立的奖学金,到新罕布什尔州的彼得伯勒创作我的第二部小说《触摸》(*The Touch*)。

我被安排住进了树林深处的一个豪华工作室。到达的第一天,我就被告知,为了保持有利于创作的安静环境,除了每天中午有一辆车开上碎石铺成的小路送午餐外，不会有人前来打扰。午餐篮会摆在我的门前。

我走进工作室，发现壁炉上放着一块船桨形状的木头。木头上刻着以往到访者的姓名。最上面的名字已经模糊不清，但下面的依然清晰。我端详着这份长长的名单，发现了桑顿·怀尔德的名字。1936 或者 1937 年，他就是在这间工作室里撰写了《我们的小镇》，而在接下来的一个月里，我也将在这里创作《触摸》。

我一边回想着那天晚上在剧院的遭遇，一边在木块的最下面签上了名字。

4/ 摔碎盘子

我年轻的时候就明白父母没有能力供自己上大学，更不要说去医学院读书。如果我想接受高等教育，就必须工作和攒钱。

到了八九岁的时候，放暑假时，我不再在街边的小摊上卖柠檬水，而是卖起了苏打水和三明治。我从熟食店买来黑麦面包和蒜味腊肠自己做成三明治，又从附近的批发商那儿买来瓶装苏打水，放在自己的红色小手推车里冰镇起来。我向在服装厂里干活的女工出售午餐。服装厂坐落在范·辛德伦大道上，那儿是布朗斯维尔和东纽约之间的边界。

在被熟食店的老板排挤走之前，我的生意做得很不错。可是他看到我的生意越来越红火，就叫自己的侄子也来卖三明治，以压低价格的手段把我挤走。

在后来的几年里，我给婚礼运送过燕尾服，在一家工厂里组装过螺丝刀，还在布朗斯维尔操作过蛋奶冷冻机。干这些活的收入都不多，可是我得攒钱上大学。

后来被我称为"精神储藏室"的另外两份工作是面包店杂工和餐厅服务员。它们深藏在我的记忆里，直至在创作《献给阿尔吉侬的花束》时用到为止。

14岁的时候，我成了"东纽约贝果店"送货员的助手。那家店离我住的地方不远，就在高架铁路的下面。我们清晨四点开始干活，所以我三点就得起床。早晨七点收工的时候,司机把车开到一四九中学门前让我下车。学校下午三点放学后我要做作业,吃过晚饭就上床睡觉,那时候天还亮着。

最初,我的工作是帮助司机把一筐筐热贝果装到后车厢里。贝果有原味的、撒了罂粟籽或芝麻的,还有咸味的。我坐在副驾驶座上和司机一起把货送到尚未开始营业的杂货店和饭店里。

我们在天亮前到达送货地点时,司机看着订货单高声叫道:"两打:一打原味,一打罂粟。"

车上的乘客座椅都被拆除了,所以我转过身就能抓到仍然热乎乎的贝果,一手抓三个,然后高叫道:"六个!一打!六个!两打!"那个时候面包都是按打计算的。抓罂粟籽和芝麻贝果的时候很难受,因为它们会划破我的手指。不过最痛苦的还是用被划破的手去抓那些撒了盐的。我把贝果装进袋子里,等车在马路边停下,就跳下车把袋子放到仍然黑乎乎的门洞里。

我还记得那一天司机为了给一个新客户送货而改变了路线。开过利沃尼亚街和萨拉托加街交叉路口的时候,我看到一家糖果店的灯还亮着。"奇怪,"我说,"大概是有人在打劫。"

司机笑着说:"'午夜玫瑰'二十四小时营业。脑筋正常的人不会打劫那家店的。"

我问他为什么,他摇着头说:"问有关在'午夜玫瑰'闲逛的聪明人的问题,实在不太明智。"

大约就是在那个时期,我认识了一个比我年长的男孩。他们家搬到了我家对面的斯内迪克大道。他告诉我,他正在练习拳击,但是年龄太小还不能上场。他还向我坦白,说自己准备沿用哥哥的外号"旋风男孩",用"男孩"的名称去打比赛。

我告诉他,希望自己有足够的钱去学习"阿特拉斯肌肉训练法",练出一身像杂志和漫画书里的阿特拉斯先生那样的肌肉。这样我就能保护自己，不受恶棍的欺负。

"男孩"在利沃尼亚大街的阿多尼斯俱乐部练习举重。有一天他带我到俱乐部，把我介绍给大家。几个满身肌肉的男人看到骨瘦如柴的我不禁大笑起来，但是对"男孩"却十分有礼貌。他们教我如何举起哑铃。如今，我仍能在脑海中清晰地看到他们的样子：练完举重后站在镜子前伸展着油光发亮的肌肉，身体散发着汗味。

一些流浪汉时不时来这里洗漱，或者在俱乐部后面睡上一两晚。我兴趣盎然地听他们讲故事：跳上运货火车穿越全国，到流浪汉收容所去见名字稀奇古怪的老朋友。我想象着自己退了学，跳上停在附近火车站的货车去周游美国。如此，我就有事情可写了。

后来，我听说了"男孩"的哥哥阿贝·瑞勒斯的事情。

阿贝·瑞勒斯在企图逃跑时身亡

"旋风男孩"阿贝·瑞勒斯为杀人团伙主要杀手，已指证其同伙及雇用他们的黑帮。1941年11月12日清晨，虽由五名警察严密监控，他仍从坐落在科尼岛的半月酒店六楼的窗户跳下或被推下。记者称其为"会唱但不会飞的金丝雀"。

此时我才明白送贝果的司机看到那个在"午夜玫瑰"糖果店里待着的男人时告诉我的话。他们是黑帮的杀手，记者将其称为"杀人公司"。

这些杀手的老板从曼哈顿打电话下达攻击指令，他们就是在我家附近作的案。我那个练拳击的朋友的哥哥"旋风男孩"阿贝·瑞勒斯就是其中最令人恐惧的杀手。上面那篇报道刊登后不久，我的朋友和他的家人就悄悄搬走了。此后我再也没有见过他。

贝果送货员助手的工作干了不久，我就升职做了面包师助手，开始在

室内干活。后来,我根据自己的经历练习场景写作时,凭记忆写了一段简短的文字。以下便是我的记忆,未经加工:

贝果工厂——生面团的味道,地面和墙都是白的……整形、揉搓的动作循环往复。揉成长条,然后手腕快速抖动,将长条扭成圈……另一个面包师将这些面包圈整齐地码在一个浅木盘里……堆得高高的……用车将其推至炸锅和烤箱前。一个男孩站在那里将面包圈从盘子里拿出……每次拿三个……扔进冒着泡的炸锅……然后用金属漏勺将其捞出,滴着油,黏糊糊的……倒在面包师的工作台上。面包师将面包圈整齐地铺在长长的案板上,然后推进烤箱……木板上还剩下一排排的面包圈……他继续制作……取出摆着褐色贝果的板子,从下面翻动贝果,使其脱离……最后把饼倒在巨大的柳条篮子里,再把篮子装上在外面等候摸黑送货的卡车。跛足的面包师……嗓音尖锐的面包师……

多年以后,我将这段记忆写进了小说《献给阿尔吉侬的花束》。

在面包店工作需要值夜班,因而影响了我的睡眠和学习,我的成绩每况愈下。于是我到萨特大街的帕奇冰激凌店找了一份洗盘子的工作。老板很快就提升我做了冷饮销售员、三明治制作师、收银员,最后是快餐厨师。16岁的时候,我在皮特金大道找了一份更好的工作——迈耶甜食店的服务员。这家店地理位置优越,离洛斯皮特金剧院很近。

不过,迈耶甜食店的老板已经不是迈耶了,里面的快餐店和冰激凌店都归戈尔茨坦先生和索恩先生所有。这两个人快把我们这些服务员逼疯了。

戈尔茨坦先生温文尔雅,总是声称自己愿意帮助那些想挣钱上大学的穷孩子。他在店门口和收银台后面的墙上挂满了曾经在店里做过服务员的人的照片，称他们为"成功人士"。

照片上的人有的身着陆军、海军或海员制服，有的身着毕业典礼时穿的长袍。提起"他的孩子们"，戈尔茨坦满怀深情。

去求职的时候我告诉他，父母希望自己能去医学院读书。他拍着我的头，称赞我是个听话的好孩子。

晚上他值班的时候，如果生意清淡，他就会平静地坐在柜台前，与闲下来的快餐厨师讨论白天出现的问题。但顾客多的时候，他就变成了另一个人，越过顾客的头高声尖叫着向我们发号施令。

索恩先生的性格有所不同。生意兴旺的时候，他就守在收银台旁，这样我们就能从容不迫地招待客人。在大批客人进店之前的清闲片刻，或者在晚餐和电影散场之间的那段时间，他会走进餐厅，以检查工作为借口，把桌上大部分的糖罐、番茄酱瓶和盐瓶拿走，将其藏在收银台下面的架子上。

一位老服务员告诉我们，他之所以这样做是因为店里曾出过一件大事。有一天，几个流浪汉把盐瓶里的盐全倒在了糖罐里。索恩先生还以为有人偷餐具，所以决心抓住偷窃者。他经常在收银台和洗碗池之间来回巡视，撤走了很多餐具。所以索恩先生值班的时候各种餐具都不够用。

一开始，他的做法遭到了服务员们的强烈反对。我们可不愿意告诉顾客没有吃冰激凌或喝咖啡用的勺子，也没有吃巧克力蛋糕用的叉子。气愤的顾客离开时往往不付账或者拒绝给小费，但是我们又不能告诉索恩先生，那都是拜他所赐。

后来，我从老服务员那里学会了如何应对。晚上索恩先生值班的时候，我们就事先把餐具放在腰带或上衣下面的口袋里。有时候我们还会合伙转移索恩先生的注意力，设法取出他藏的糖、番茄酱和盐。

"安静"的索恩先生和"大吼大叫"的戈尔茨坦先生让我们这些服务员不得安生，有时候他们甚至互相干扰。

我在这家店干了两年，攒下的小费足以支付纽约大学第一年的学费。

后来，有一天晚上，我的生活出现了一个转折点。

十点钟的时候，看完电影的人蜂拥而入。座位很快就坐满了，于是店外站满了等候用餐的人。当四对夫妇冲进来的时候，戈尔茨坦先生做了一件我从未见过的事。他微笑着迎上去，殷勤地领着他们绕过其他表示不满的顾客，直接来到我负责的餐桌前。

我转身去拿水和菜单，却看见戈尔茨坦先生突然出现了，他正用托盘端着水杯。"桌上为什么没有餐巾？"他冲我喊道，"银餐具呢？为什么没给他们送菜单？"

"戈尔茨坦先生，他们刚坐下。"

解释没用，所以我忙着给顾客点餐，尽量不去理他。他则是赔着笑脸四下张罗着。几分钟后，他在厨房附近碰到我的时候问道："怎么这么慢？"

"我刚把他们的订单送进去，戈尔茨坦先生。"

"都已经准备好了，就放在柜台上。"

我转头望去，发现确实如此。那些平日里懒洋洋的服务员都忙活起来，已经把刚来的那几位顾客点的三明治和华夫饼准备好了。

"怎么回事？"我向一个老服务员打听。

"好好招待他们，"他低声说道，"这些人经常在'午夜玫瑰'那儿转悠。"

我左手端着托盘，上面放着两杯咖啡，边上摆着两小杯奶油以保持平衡；右臂托着三个三明治和几个华夫饼。

戈尔茨坦又从过道中间走过来："怎么这么慢？"

"我正在给他们送餐。"

"他们是贵客。"

"猜到了。戈尔茨坦先生，请您……"

他挡住了我的路："看看这些奶油！"

我这才发现摆在咖啡旁边的奶油洒到了托盘边上，因为我的手一直在

023

颤抖。他向后退了一步,冲着我大叫起来。他叫得越凶,我的手就颤抖得越厉害。我听说这种装奶油的玻璃杯掉在地上弹三下就会碎,在那之前,如果能把玻璃杯踢到一边,就能阻止它破裂。

颤抖。颤抖。一只杯子掉到地上,弹了两下。我企图在它弹第三下之前将其踢开,但是没有成功。杯子碎了。我想阻止第二只杯子摔碎,可是它弹了一下、两下,又摔碎了!这时候,我的身体失去了平衡,手臂上托着的三明治摇摇欲坠。我想抓住它们,但是为时已晚。我端的所有东西都掉到了地上。

"祝你好运!"笑声中有人喊道。然后有人尖声叫起来,人们笑着、欢呼着,就好像在婚礼上看新郎用脚踩玻璃杯。有人叫道:"这孩子可不傻!把杯子摔碎总比洗杯子强!"

戈尔茨坦的脸涨红,恶狠狠地问:"你怎么回事?"他对起哄的顾客解释道:"是个大学生,但不会端盘子。"又冲着我喊:"收拾干净,白痴!"

他厌恶的表情说明了一切。我需要钱去念书,所以他给了我工作机会,但是我辜负了他,当着他尊贵客人的面摔碎了盘子。他转身离开了,那天晚上再也没有和我说话。不过那些"杀人公司"的人给了我很多小费。

打烊的时候,我清理了桌子,加满了糖罐和番茄酱瓶,擦了我负责的几张桌子周围的地。然后,我走到他面前说:"再见,戈尔茨坦先生。我会送您一张照片,让您贴在墙上,以表达我的谢意。"

他皱起了眉头:"你是什么意思?"

"您帮助我做出了决定,我再也无法忍受这糟糕的环境了。我已经被商船队录取了。"

"不上大学了?"

"等战争结束以后。"

他久久地盯着我,冷冷地说:"祝你好运。"我向门口走去的时候,他吼道:"蠢货!"声音大得所有人都能听到。

我没有回头。

"嗨，聪明的大学生！"我回头看着他。

"可别把船上的东西都摔碎！"

正是有了这段经历，多年后我才能想象出查理·戈登的感觉。查理在餐厅里看到一个弱智的服务员将托盘掉到地上，摔碎了所有的盘子。老板冲他叫道：

"好吧，你就摔吧！别站在这儿！快去拿拖把，把这里擦干净。拖把……拖把，你这个白痴！"

突然，我对自己和所有正在嘲笑他的人感到愤怒。我真想捡起碎盘子向他们扔去，划破那一张张笑脸！我跳起来大喊道："别笑了！不要捉弄他！这不是他的错，他根本听不懂！他不知道自己在做什么！看在上帝的分儿上……他也是人！"

我能通过查理的眼睛看到这些，并感受到他的情绪。之所以能够写出这些，是因为我有过这样的经历。

5/ 船上的医生

我知道去美国海军服役将是我一生的转折点。我将离开父母,过自己的生活,追寻自己的梦想。但是,因为我差三个月才年满 18 岁,所以登记的时候还需要父母签字。

母亲坚持认为我年纪太小,身材太瘦小,视力也太差。

"他们不在乎的,"我说,"我能通过体检。"

"那上大学怎么办?"父亲问道。

"很多人都去了,爸爸。去年刚通过了一个新法案——军人安置法案——为服过役的人支付学费。退伍后,我可以继续接受教育,免费上大学!"

那时候我并不知道,去商船队服役不能享受这个待遇。

"你还能当医生?"母亲问,"医生是救死扶伤的。"

"当然啦,我会成为一名医生的。"

父亲皱着眉问:"那写作的事情呢?"

我曾告诉过他们,萨默塞特·毛姆、契诃夫和柯南·道尔都曾当过医生,后来也都成了著名作家。我还说自己没那么傻,知道靠写作不足以维持生计。但是我没有告诉他们,我心目中的三个大英雄作为医生都很失败。

"医生是我的职业,"我说,"写作不过是爱好。"

"你才 17 岁,"母亲抽泣道,"还是个孩子啊。"

我心想:杰克·伦敦 17 岁的时候就乘着捕猎海豹的帆船在海上漂浮了一年,后来把这段经历写进了《海狼》。我相信,像他一样将自己的海上经历写下来，我就能开启写作生涯。但是我没有把这些告诉父母，只说道："我保证，我将来一定会成为一名医生。"

父亲在征兵文件上签了字，我的心愿达成了。

在希普斯黑德贝湾接受了为期六周的基础训练之后，我被送到位于纽约港霍夫曼岛的无线电军官培训学校。通信员用莫尔斯电码发消息，所以被称为"火花"。我喜欢这个称谓，或许有一天会用它做自己的笔名。

在霍夫曼岛上的事，我唯一记得的就是遇到了莫顿·克拉斯（Morton Klass）。他后来成了我终生的朋友。我们俩的姓的首字母都是K，所以我们同行同吃，上课也坐在一起。他的床铺就在我的对面，因此我们晚上经常讨论政治、哲学和文学，往往熄灯之后很久仍在继续，直至有人将靴子扔过来叫我们住口。

1945年5月7日德国投降后，美国海事局发现通信员超编，因而关闭了霍夫曼岛的无线电军官培训学校。莫顿作为机组人员出海了，一周之后我也去了勒阿弗尔，乘坐一艘由豪华客轮改装成的军舰。

我们的军舰往返于法国与美国之间，将新的部队送到法国换防补给站——所谓的"转站"，然后将在欧洲服完役的老兵运回美国。这些老兵睡的床铺有五层高，充满了汗味、酒味和呕吐物的味道。一天二十四小时都有人在玩扑克。

在勒阿弗尔上岸的时间很短，我记忆中的情景只有泥泞的道路、废墟和贫困。

我在第二次出海后得知，尽管战时运输管理局的通信员超编，却缺少办事员。他们正在海员中征招有文书经验的人。

于是，打字成了我在中学上过的最有用的课程之一。早在成为作家之前，我就靠打字在暑期找到了一份文书的工作。凭着前雇主的推荐信和各项测试的好成绩，我获得了战时运输管理局颁发的文职办事员证书。

有了美国海事局授予的少尉军衔，如今我再也不用穿旧军装了。文职人员的军装袖子上有一道金线，上面绣着交叉的羽毛——表示军衔。我以后会被称为"办事员"，而不再是"火花"了。

为了便于写出这段经历，记录时我替换了军舰和运送公司的名称，并避免使用军官和海员的真实姓名，但后来真实发生的事件除外。

作为文书，我第一次执行公务是在国际邮轮公司纽约办公室。我为"北极星"舰草拟了说明和水手名单，当着航运专员的面监督文件的签署。

我们被告知，这只是一次短暂的沿海航行。我向一个公司职员询问的时候，他指了指挂在办公室墙上的宣传画，画面中一艘冒着烟的船正在大海中沉没，下面写着"不慎行为会导致灾难"。

我和另外几个水手只是听说，"北极星"将在两天后从新泽西的巴约纳出发，出海前我们会见到船长，但船长目前在费城探望家人。我得知，出于安全考虑，在拖船将我们送出纽约港、港口工作人员下了船之后，才会告诉我们目的地和出航的时间。到了海上，船长才能打开航行命令，向我们宣布目的地。

1946年1月一个寒冷的早晨，我终于来到了巴约纳码头。出租车在离码头最近的地方停下后，我便下了车。我踏着薄冰，绕过横七竖八的管道，躲开在吊索上摇摆着吱吱作响的软管，好不容易在码头最后方找到了我们的军舰"北极星"。

"北极星"高高地浮在水上，从码头上隐约可以看见。由于没有装货，船舷倾斜成四十五度。我用胳膊夹住一个包，抓住栏杆爬上了甲板。甲板上到处是废纸和空啤酒瓶，散发着浓烈的汽油味。在登上主甲板的梯子之前，我不得不在风口深深地吸了一口气。我能够听到船随着海浪起伏时发出的声响。除此之外，寂静无声。它看起来就像是一条幽灵船。

我找到乘务长室，打开包拿出书，把荷马、柏拉图和莎士比亚的著作，还有《战争与和平》和《白鲸》都摆到桌子上面的架子上。听到一阵声响，我转过头，看见一个长着娃娃脸的军官正靠在敞开的门前看着我。他制服的袖子上有四道金色的横杠。

"欢迎你上舰,看来你很喜欢读书啊。"

"是的,船长。"

"我们船上有一个不错的图书馆,由你负责借阅吧。当然,这里的书大部分都是捐赠的。不过,要是有什么特别想看的书,你就告诉我。我们有一小笔资金。"

"太好了。"

"但是,我认为你需要先检查一下船上医务室的配药处,看看是否需要进什么药或者器材。以前那位医生不太上心,总是缺药。"

"船上的医务室?我不明白,这和我有什么关系?"

他瞥了一眼我挂在椅背上的上衣,皱着眉指着我绣着金色交叉羽毛的袖子:"这个标志是什么?"

我这才意识到他指的是那条和交叉羽毛绣在一起的蛇。这个标志具有乘务长和药剂师的双重意思。他们原来是因为这个才聘用我的。

"舰长,我是乘务长,可不是什么药剂师。"

他红着脸说道:"我告诉过航运专员,我需要一个能兼做医师的乘务长!"

"可是他们告诉我缺少一个乘务长,尤其是能兼做药剂师的乘务长,所以才录取了我。"

"那不行,凯斯。我们船上有 40 号人,必须满足他们的医疗需求。"我未加思索便脱口说:"我在童子军和巡逻队都获得过紧急救援专家的称号。我在几次巡航中担任过船上的医生。我在大学里读医学预科,将来准备当外科医生。"

他端详了我许久。"好吧,凯斯。你必须这么做。等我们离开海岸,到了海上以后,我就任命你为药剂师。除了乘务长的日常工作外,你还要负责管理配药处和医务室,接诊和执行离岸后的例行检查。"

"但是,船长——"

"没有'但是'!你就是船上的医生。"他转身离开时问道,"会下象棋吗？"

"会下，船长。"

"水平怎么样？"

"一般吧。"

"那好。咱们晚饭后下一盘。"

他离开后，我瘫坐在椅子上。都怪我这张嘴！在周末沿着东河巡航时给40名海员包扎绷带，发放阿司匹林，这可不是药剂师该干的活。

那天晚上下棋我赢了船长。当我看到他的蓝眼睛中露出不快，便决定以后不能总是赢他。

第二天清晨，我被发动机的声音吵醒，立即冲到甲板上去看船起锚、离港。但是已经晚了。我爬上梯子站到一个炮台上，那里曾经支着一门防空炮。从那个位置，我能够眺望周围的环境。与过去乘"荷兰飞人Ⅲ"巡航东河时不同，我现在根本看不见陆地的影子。

突然摆脱了陆地上的那些工作、任务和责任，忧虑和烦恼都像死皮一般脱落，让我彻底放松了。望不到陆地，现实便不复存在——既无生亦无死，除了此时此刻的大海，一切都不重要了。

平生第一次，被天空和大海包围的我体验到了"海洋的感觉"。我顿时明白了为什么人们要追寻大海，就像我在"海员之家"遇见的那个老海员一样。

16岁的时候，在加入海上巡逻队后不久，我拜访了坐落在史丹顿岛上的"海员之家"。那里是退休海员的天堂。我访问了一位饱经风霜的老水手。我们在会客室沉默地坐着，各自抽着烟斗。我穿着熨过的海上巡逻队制服和厚呢子大衣，他戴着一顶黑色的帽子，一件磨得很薄的呢子大衣紧紧地绷在身上。

后来，他抓住我的手腕，用红肿昏花的眼睛盯着我，回忆起自己的海上生涯。我的脑海中浮现出《古舟子咏》中描绘的形象："他用骨瘦如柴的手抓住他……目光炯炯地望着他……"

像"古代水手"一样,这位老水手也一直抓着我的手。他向我讲述了他们的船如何被狂风吹得偏离了航道,如何在海湾里被水草裹挟进了北大西洋的旋流之中。那里到处长满了马尾藻,因而被称为马尾藻海。

"这是一个沉船之岛,迷失的灵魂之岛。"他说道。

他讲到了那些被水草裹住的船,还有漂浮到这个海洋墓地的破损的船只。那些海员的尸体都等待着从马尾藻的纠缠中解脱出来。他还告诉我,他们船上的海员如何靠吃蠕虫、小螃蟹、海虾、不时变换颜色和形状的章鱼,以及看起来像是漂浮在海面上的水草根茎生存了下来。他还提起了那些像鸟一样大的蚊子。

"那是鳗鱼洄游的地方,"他说,"成千上万条细细的鳗鱼不远万里从遥远的水域游到这里来交配、产卵和结束生命。"

他是个讲故事的好手,我坐在那里着迷地听了很长时间,烟斗喷出的烟雾在我们之间缭绕。后来他低下头睡着了,我便悄悄地离开了"海员之家"。

现在,站在"北极星"的甲板上眺望大海,我感到孤独和悲伤。这时候我想起了柯勒律治《古舟子咏》中的诗句。他描述的一定就是马尾藻海:

> 我们是这沉默海域,
> 第一批闯入的访客。
> 但见黏滑的海面上,
> 爬满黏糊糊的生物。

脚下发动机的轰鸣声将我带回了现实世界。我转身离开栏杆,爬下炮台,穿过狭窄的过道向员工餐厅走去。

吃早饭的时候,我被介绍给像摔跤手一样魁梧的大副,还有身材高大、脸色通红的轮机长——正摆弄着一把柄上镶着珍珠的六响枪,以及两只眼睛望着不同方向的话务员。

船长告诉我们,他已经打开了海军部密封着的命令。"'北极星'的航行目的地是阿鲁巴,"他说,"我们要在那里补给燃料,然后去加拉加斯装满委内瑞拉出产的民用燃料油,再到费城去卸货。整个航程预期三周。"

早饭后,他示意我留下来。

"我们要在阿鲁巴上岸住一晚,在加拉加斯住两天。"他说,"前任乘务长本应购置足够的避孕套和预防药剂,但是他忘了。一般情况下,例行检查是在大家每次从岸上返回后进行。但是,鉴于大多数水手还要在纽约签到,你最好明天就进行第一次检查。"

我提醒他,应当正式宣布我为船上的医生。

"就当你已经被正式任命了吧。"

我考虑了一下,说:"我希望看到手写的任命,船长。"

他瞥了我一眼:"嗯?"我心想,他是在说:自以为是的傻瓜。

他的态度随后缓和下来,在一块餐巾上写了几行字递给我。我把餐巾仔细地叠好,放进钱包。保险起见,我的证件都放在那里。

有几个水手出现了淋病绿脓症状,我给他们开了青霉素,每隔四小时注射一次,持续两天。晚上去注射的时候,我不得不打着手电下到他们的卧舱,用手电照着他们的眼睛将其弄醒,再把他们的身体翻过来。进针前我在每个人的屁股上都狠狠地拍一下,所以他们没有什么感觉。

我给一个水手受伤——一般性骨折——的左臂上了夹板,等回到国内再做处理。

我的工作还包括每周打开一次柜子为大家分发糖果、烟和其他东西。大部分物品的存货有限,所以我必须进行分配。船长说得没错,那位前任乘务长确实没有储备足够的物品。

除了看病和管理物品外,我还要兼管财务。每到一个港口,我都得事先为水手们准备好当地的货币。为了防止他们在航行中跳下船去买东西,他们挣的钱我每次最多给一半。我要做的就是将他们每天的工钱乘上出海的天数,他们每个人只能拿到那笔钱的一半。因此,在船长告诉我准确的抵达日期之前,我不能开始计算。

于是,我便有了不少阅读和写作时间。我用办公室里的打字机练习写笔记,记录过去发生的事情。我还以日记形式为日后撰写航海小说积累素材。我知道自己总有一天会写的。

我意识到必须锻炼自己的写作能力。有关航海题材的书,只要能够找到,我都认真研读。萨默塞特·毛姆在自传体小说《总结》中描述了他训练自己写作的经历。他整天泡在图书馆里,抄录他崇拜的那些作家写的精美句子。我最初感到十分震惊,后来理解了他的行为。在船上的这个小图书馆里,我也做着同样的事。

我相信自己最终能像毛姆一样跨越模仿的阶段,但现在必须学习如何将字词变成句子,再用句子构成段落。我相信自己能够提高语言能力,形成自己的表达方式和风格,并使笔下的人物具有特色。既然毛姆能够放下身段,像孩子一样通过模仿学习写作,我也能够做到。

从海明威那里,我学会了写简洁的陈述句,避免陈腐的修辞。他从马克·吐温那里学习了贴近现实、明晰的写作风格。海明威说,马克·吐温的《哈克贝利·费恩历险记》是美国小说的鼻祖。诗人阿齐博尔德·麦克利什[1]则说海明威的短篇小说塑造了"他那个时代的风格"——沿用了海明威第一部短篇小说集《我们的时代》的标题。

从福克纳那里,我学会了摆脱复杂冗长的复合句,将头脑中的景象用文字表达出来。

最后,我不再模仿他们的文字。

在《献给阿尔吉侬的花束》中,查理最初的表达风格是直接、明了的,如同孩子一样。但随着他的变化,文中的简单陈述句逐渐变成复合

---

[1] 阿齐博尔德·麦克利什(Archibald MacLeish,1892—1982):美国诗人。

句,并采用错综复杂且充满隐喻的表达方式。然而,当他的写作能力退化后,他的风格又重归简单,甚至几乎不加修饰。

在船上的图书馆里,我孜孜不倦地向文学大师学习。

在阿鲁巴补给了燃料之后,"北极星"驶向加拉加斯去装民用燃油。装好油我们就可以返航了,所以在船长告诉我抵达费城的准确日期之前,我便无事可做。

我和斯帕克斯正在办公室里下棋,突然听到一阵剧烈的敲门声。一个水手急切地冲进来叫道:"乘务长!快来!一个水手出事了!"

"怎么了?"

"我不知道,他一直在呕吐,现在嘴和鼻子都在冒黑水。"

我抓起自己的黑色背包,高声喊着让斯帕克斯通知船长和大副。然后,我跟着这个水手沿着过道奔向位于前甲板的水手室。过道里的人为我让出了一条路。我刚到门口便闻到一股夹杂着柠檬糖浆味的恶臭。我感到恶心,但还是强忍着走了进去。

一个身材高大的男人趴在下铺上,伸着头呕吐着,脸上到处是黑乎乎的呕吐物和血。他用鼻孔和嘴费劲地呼吸着,大声地喘着气。

我经常看见这个中年水手在甲板上擦拭油迹,或者给脚手架刷油漆。为了缓解醉酒后的疼痛,他到药房来要过几次阿司匹林。有一次,他还向我提起在费城有很多家人。

我不知道他究竟是怎么回事,但意识到吐血过多已经让他虚脱了。

"帮我把他翻过来!"

两个水手过来帮我移动他的身体,让他的头朝下,避免窒息。

"谁知道是怎么回事?那股甜味是哪儿来的?"

"离开加拉加斯后他就断酒了,"其中一个水手说,"厨房关门后他溜进去偷了一夸脱柠檬香精。他大概把它都喝了。"

我摇了摇头。该怎么办?即使头朝下,他还是喘不过气来,鼻子倒吸着流出的污物。

斯帕克斯也过来了:"真臭!要帮忙吗,乘务长?"

"去叫船长!"

"船长下命令不要叫醒他。大副在操舵室值班。"

"这家伙快吐死了。我要给他做人工呼吸,看看能不能帮他清理肺部。用无线电联系附近船上的医生,告诉他们这家伙喝了一夸脱柠檬香精。"

斯帕克斯点点头,立即冲出去。

我脱掉鞋,骑在这个水手身上,把他的头扭向左边。然后,我用力按他的胸口,就像在海上巡逻队里学到的那样。

"吐出浊气。"我用力压下去。"吸进新鲜空气。"我松开手让他吸气。"吐出浊气……吸进新鲜空气。"

我骑在他身上给他做了大概半个小时人工呼吸,拿不准自己是在救他还是在害他。一个通信员拿着斯帕克斯从一艘军舰上收到的无线电报跑过来。电报上写着:"做人工呼吸。"

得知自己处理正确,我松了一口气。我把这套动作教给旁边的一个水手,让他替换我。于是,他学着我的样子继续做下去:"吐出浊气……吸进新鲜空气。"

当我发现他已经没有了脉搏时,便让斯帕克斯再发电报询问海军医生该怎么办。

过了几分钟,船长拿着一封电报走过来:"怎么样了,乘务长?"

"我想他已经去世了。"

"海军医生让你给病人的心脏注射肾上腺素。"

"他可不是我的病人。"

"他就是你的病人,你是船上的医生。"

"你得下命令才行。"

"那我命令你给病人的心脏注射肾上腺素。"

"我不知道怎么注射,我可能会害死他。"

"这就是命令,乘务长。立即执行!否则我把你扔进禁闭室,等我们回来再和你算账。"

我看了一眼周围的目击者。"把命令写下来,船长。"

他向人要来了笔和纸,写下了命令。

"好吧,"我说,"但我相信他已经死了。"

我从药箱里拿出肾上腺素,找来了注射器和针头,做好了注射的准备。我抬头又看了船长一眼:"你确定要注射吗?"

"要是他已经死了,情况就不可能更糟。"

"我不能保证。"

"注射吧!"

几个人按照我的指示给那个水手翻过身。

由于没有心跳,我只能按照自己的想象摸索他心脏的位置。我用听诊器仔细地听着。

什么声音也没有。

船长让斯帕克斯把这个情况告知海军医生。几分钟后,通信员拿来了回电。船长高声念道:"继续做人工呼吸至午夜,然后宣布死亡。"

"可是他已经死了!"

"海军部要检查的。来吧,乘务长,按照医生说的做。"

"为什么要我做?"

"因为你是船上的委派医生,他是你的病人,而且你拿到了手写的命令。"

我把那个水手的身体翻过来,让他脸朝上。在随后的一个半小时里,我骑在那具僵硬的尸体上,对他耳语道:"吐出浊气……吸进新鲜空气。"

到了午夜,我宣布他已经死亡。用帆布裹好他的尸体后,我问船长是否将他海葬。

"不行。再过两天我们就到佛罗里达海岸了。我们得把他带上岸接受调查。"

"检查之前我们把他放在哪儿？"

船长耸耸肩："放冰箱里吧。"

船长的话引起了大家的不满，水手们低低的反对声从门口传到甲板，然后又传回过道。水手长推开围观的人，关上了舱门。

"船长，恕我直言……"

"怎么啦，水手长？"

"把一个死人和大家的食物放在一起，他们无法接受。他们中的很多人都非常迷信。我觉得你已经把大家惹恼了。"

船长望着我问道："有什么建议，医生？"

我谨慎地答道："既然我们已经用防水帆布把他包好了，为什么不把他放到甲板上的空货箱里，然后盖上冰？"

水手长点点头："这样大家就没意见了。"

"好吧，水手长，叫甲板上的人照看一下。"船长说完就转身离开，爬上通向船舱的梯子回到军官宿舍。

我们在劳德代尔堡靠了岸。我从栏杆上望见一艘小艇载着几个海军官员向"北极星"驶来。尽管在船长的直接命令下，我已经尽力而为了，但仍对调查感到紧张、害怕。我把船长写的命令放到公文包里，庆幸自己有先见之明。要是没有这份命令，会发生什么事情？我会因为无照行医而受到指控吗？误杀罪？不管怎么说，船长就是船上的权威。他说我是医生，那我就是。

调查只是走了个过场，结论是"自我造成的意外死亡"。我撇清了干系。

驶进港口后，航运专员拿来了航行文件。我的任务就是协助他签发。我给每位水手发了"美国海岸警卫队证书"。

然而，在签下一次航行文件时，除了军官，水手们一个都没有签字。正像水手长所说的，大部分水手都很迷信，将死过人的船视为厄运之船。尽管调查证明那个水手的死与我没有关系，但是他们都看见或者听说过我曾骑在他的身上。水手们都在传，我是会带来不幸的人，是我的诅咒——

037

"吐出浊气……吸进新鲜空气"——让他断了气,然后把他的灵魂赶下地狱。

来到甲板上,我碰见了水手长和几个准备上岸的水手。在死者伙伴们的注视下,我自责地说:"对不起,我没能救活他。"

水手长将手放到我的肩膀上:"你已经尽力了,乘务长。大多数医生都遇到过这种情况。"

望着他们走下舷梯,我的脑海中响起了水手长的话。我遵守对父母的承诺,学了医,但是没能救活病人。我知道,十八个月的服役期满后,如果我不继续与"北极星"续约,我的医学生涯便会就此终结。

与萨默塞特·毛姆、契诃夫和柯南·道尔一样,我曾经做过医生;而且也如同他们一样,我失败了。现在,我要继续踏着他们的足迹,努力成为一名作家。

第二章
离开海军
From Ship to Shrink

6 / 墨迹

我乘"北极星"第二次出海了。为期一年的航行计划是从弗吉尼亚州纽波特纽斯出发去那不勒斯,"北极星"往返于阿拉伯半岛的巴林岛和冲绳海军基地,在两地间运送石油。由于海军修改了三次命令,我们绕着地球转了九十一天。完成任务后,我告别了"北极星",终于结束了海上医生的生涯。

后来我又乘其他船出过六次海,但从未向船长提及自己是急救专家。最后,在执行完一次为期十八个月的海上任务之后,我于1946年12月6日告别了最后一艘油轮。我得到了"连续服务证书",并收到了一封从白宫寄来的盖着总统印章的信:

> 我代表国家向你响应祖国的召唤、为打击敌人而在商船队服役表示衷心的感谢。你以极大的勇气和坚忍不拔的精神完成了最艰巨的任务。由于你拥有执行该项任务所需的智慧和冷静的判断能力,我们期待你在和平时期为祖国服务时发挥领导和榜样作用。
>
> 哈里·杜鲁门

我回到了父母在布鲁克林的家,准备在那里继续上大学。

我回到家的第一天,母亲准备了丰盛的晚餐,请亲戚和朋友一起庆祝妹妹盖尔九岁的生日和我退伍。父母觉得,我这个19岁的游子现在可以继续学习,准备成为医生了。我没有勇气告诉他们,我已经履行了在船上行医的承诺，但既不准备继续念医学预科，也不准备上医学院。

吃过饭，我去了地下室，准备从自己的图书馆里找本小说晚上读。然而，我刚打开门——尚未走下台阶，便意识到缺少了什么东西。那股湿煤的味道哪里去了？

我打开灯，看到自己的书架、书和所有的东西都不见了。我忐忑不安地连忙向台阶后面的角落走去。煤箱不见了，燃油炉取代了原来的火炉。

书和煤都没有了，箱子里的玩具也不见踪影。所有真真切切的东西都消失了。我想冲到楼上去问父母："为什么？"

然而，我明白没有必要问。他们认为我已经长大，不再是寄托着他们梦想的那个17岁的少年了。所以，他们清理了我儿时的东西。他们永远都不会知道儿子的想法、回忆和梦想——帮助我成为作家的东西，将永远藏在地下室的台阶下面。

第二天吃早饭的时候，我告诉父母，我已经尝试过做医生，但是像毛姆、契诃夫和柯南·道尔一样，我失败了。我不是学医的料，我准备当作家。我还告诉他们，我现在就准备离开布鲁克林。

母亲哭了，父亲则走出了房间。

我搬出了父母的公寓，住进了曼哈顿西区一个备有家具的便宜房间里，在那个被称为"地狱厨房"的区域。服兵役挣的钱能够维持我写作第一部书期间的生活。那是一部描写一个17岁的乘务长海上经历的书。

十几家出版社都拒绝出版这部小说。最后一家出版社在书稿后面留下了审读意见。是疏忽，还是有意为之？我只记得其中两句评论：一句是"这部小说不像某些来稿那么糟糕，但是也不够好"；另一句是"基本故事不错，但是没有深入下去，人物的动机也描述得不够清晰"。

如同大多数作者一样，我把那句"但是"后面的话忽略不计，因而从中获得了安慰。

我重读了自己的小说，发现它确实不专业。在能够自称作家之前，我还有很多东西需要学习：如何穿透表象；如何理解人物的动机；如何润色。我把书稿放置一旁，因为我知道在学习写作期间，必须再找一份工作。

很多作家都是从记者做起的，例如马克·吐温、海明威和斯蒂芬·克莱恩[1]。那么，我为什么不可以？

书稿被拒绝几天后，我去了坐落在时代广场的《纽约时报》大楼，要求见出版人。现在我才认识到自己当时是多么冒昧，既无预约，亦无人介绍，便要求见奥克斯先生。出乎意料的是，他竟然慷慨拨冗见了我。

"我希望从新闻记者做起，"我对他说，"然后成为一名驻外记者。"

"这一直是你的奋斗目标吗？"

我局促不安地寻找着恰当的词："不完全是，我真正的目标是成为一名作家。"

他严肃地点点头，从书桌上拿起一张镶在镜框中的相片给我看。照片里是一个年轻的男子。"我要把对自己儿子说过的话重复一遍，"他说，"著名记者和作家霍勒斯·格里利[2]的不朽名言是'向西，年轻人。到西部去'。"

我认为奥克斯先生是想用格里利的话劝导想当作家和记者的年轻人钻研写作技巧，到纽约之外的其他地方寻找机遇。

我感谢他的建议，但没有实行，而是报名参加了纽约大学的暑期新闻课程班。我在坐满了人的报告厅里听了两周课，认识到必须全力以赴、专心致志才能成为一名记者。但是，持续练习新闻写作使我晚上没有精力再创作小说。我放弃了这个课程，要回了部分学费，开始寻找其他与写作相关的课程。

---

1 斯蒂芬·克莱恩（Stephen Crane，1871—1900）：美国作家、诗人，著有长篇小说《红色英勇勋章》等。
2 霍勒斯·格里利（Horace Greeley，1811—1872）：美国著名报人、编辑，《纽约论坛报》创办者。

我向布鲁克林学院提交了申请。当时这个学院的课程对高中平均成绩达到 B，或者入学测试成绩在 B 以上的学生是免费的。不幸的是，我的高中成绩只有 C+。那时，因为具有想象力，我的英语写作成绩总是 A，可语法和应用却只能得到 D。好在我的入学测试成绩优秀，获得了免学费的资格，得以在晚上继续接受大学教育。

我仍然在寻找合适的专业，以便有时间和精力进行写作。我注册了一门心理学入门课程，发现它非常有意思，而且老师很善于启发人的思想。但我没有想到，他竟然是一名精神分析师——不是拥有医学博士学位的精神病医生。虽然他只获得了文学硕士学位，却有丰富的临床经验。

至此，我终于找到了问题的答案。

作为一名精神分析师，我可以用部分时间帮患者解决心理问题并合理收费。在治疗过程中，我还可以了解患者出现心理问题的缘由，进而理解他们的内心冲突。我认为掌握了这些情况，便能创作出一些真实可信的人物，以及他们的生活、痛苦和性格变化。

1950 年，福克纳在发表诺贝尔文学奖获奖感言时说："现在从事写作的青年男女忽视了人类的心灵冲突，仅仅这个问题就是极好的写作素材。因为它值得一书，值得为其呕心沥血……除了事实和内心的真实感受外，其他都不重要。缺少了这些颠扑不灭的普遍真理，任何作品都不会具有生命力且注定会失败。"

然而，我并没有探索"人类的心灵冲突"，而是决定描绘"人类的心理冲突"。因此，学习心理学是我的必经之路。我决定将其作为我的专业。

我找了一份白天的工作，挨家挨户推销百科全书。我虽然讨厌上门推销和强制销售，但这份工作干得不错，靠佣金攒下了一些钱。

在此期间，我学习了心理学、社会学和人类学的课程。然而，学得越多，我越感到失望。不是对课程，而是对那些授课老师感到失望。除了第一天给予我启发的那位老师，我觉得大部分老师都非常无趣、迂腐且华而不实，对讲授的内容并无深入研究。

快毕业的时候，我将自己的忧虑告诉了讲授"心理测试和衡量"课程的导师。于是，她让我做了"罗夏测验"[1]。对墨迹做出反应时，我回忆起了许多往事。

……我看到一个一二年级的小男孩坐在厨房的桌前写作业，将钢笔插进黑色的墨水瓶里，然后在一个黑白大理石花纹封面的笔记本上歪歪斜斜地写着字。一页纸快写完的时候，他的手开始颤抖起来。由于他太过用力，一滴墨水沿着笔尖流了下来。没等他抬起笔，墨水已经滴到了本子上。

他知道会发生什么。那天晚上，他已经是第三次犯错了——写错了两次，现在本子又被墨水弄脏了。一只手从黑暗中越过他的肩膀伸过来，从本上撕下被弄脏的那一页。

"重新写，"他母亲说道，"必须完美。"

测验完成后，导师没有和我讨论结果，并且此后再也没有和我谈过话。我想另找一位罗夏测验专家问问我的测验结果说明了什么，但后来决定放弃。我还是不知道为好。

多年以后，我在《献给阿尔吉侬的花束》中对自己的几位心理学老师进行了讽刺。回忆起作业本上的墨水、母亲撕纸的手和沮丧的心理测试，"心理测试和衡量"课的导师在我笔下变成了测试员伯特，而被墨迹测试结果搞得心情沮丧的我变成了查理·戈登。

我用写作进行了报复。

---

[1] 罗夏测验（Rorschach Test）：由瑞士精神科医生、精神病学家赫尔曼·罗夏（Hermann Rorschach）创立，因采用墨迹图又被称为墨迹图测验，是著名的投射法人格测试。

7/ 书山上的男孩

1950 年，我以优异的成绩毕业，后来在纽约市立大学学习了一年研究生课程。这个课程名为"精神病理学有机分析"，由世界著名心理医生库尔特·戈德斯坦讲授。他的教学方法就是操着浓重的德国口音，逐字逐句地给我们念其撰写的《精神病理学有机分析》，两个学期的课程都是如此。

与此同时，我开始接受所谓的"启发式分析"。进行纯粹的精神分析，必须深入挖掘他或她的内心，将其偏见、创伤和人格缺陷暴露出来。接受分析者要为此支付一定的费用。我每周去两次——周一和周五，每次五十分钟，按打折价需支付 10 美元。

我的分析师是个中年男人。他个子不高，说话带着浓重的奥地利口音，很难听懂。他采用弗洛伊德的方法——让我躺在床上，他坐在我背后的椅子上，远离我的视线。

他定了几个规矩：在接受分析期间，必须避免生活中出现重大变化，不得换工作、搬家、结婚或离婚；更重要的是，不得中途放弃。我觉得这些规矩就像"四诫"一样。但他解释说，这些规矩是基于以下理论：在深入分析过程中，患者会出现痛苦的自我意识；而将其意识转移后，经常会导致他们将痛苦倾泻到分析师身上。分析师有充分理由避免这种状况出现。

我认可他定的规矩。事实上，我觉得这个分析值得一做。除了学习精神分析课程外，这是我深入了解自己、学习如何在写作中采用自由联想方法的好机会。

花一笔钱去实现三个目标很划算,但分析一开始并不顺利。

尽管分析师在进行精神分析时不能采取主动,只能任由被分析者自由联想,但我还是很失望。每次我躺在床上,五十分钟疗程的前五分钟或前十分钟都会被白白浪费掉,或者是聊些无关紧要的日常话题。一天下午,我从床上坐起来望着他。

他看起来很吃惊。

"我似乎是在浪费你的时间和自己的钱。"我对他说。

他清理了一下喉咙,以便开始"与患者交谈"的非正规程序。"丹尼尔,请听我解释。你现在的情况非常普遍。你知道,每周要在维也纳进行六次治疗,只有周日停一天。通常的情况是,在停止一天自由联想之后,心灵的伤口就会形成一道防护层,所以周一就需要很长时间和精力去突破这道防护层,然后才能进行真正的、实质性的自由联想。你现在的这段空白或者无作为时间,我们称之为'周一清晨防护层'。"

"我不明白。"

"因为你每周只来两次,中间停了几天,所以需要时间冲破'周一清晨防护层'。"

每次治疗都要先沉默十分钟或者用这段时间清除昂贵的情绪垃圾,才能冲破精神防护层。虽然这似乎是在浪费时间,但我还是躺回到床上。十分钟后,我开始了真正的自由联想。我回忆起……

……"贝蒂美发厅"离铁路货运站不远,就在火车高架桥下面……我的母亲贝蒂是个自学成才的美发师,为女人们洗、烫和做头发……

我们住在美发厅上面的一个房间里,我的床摆在父母的床旁边,靠着窗户。每当高架桥上有火车轰隆隆驶过时,我都会被吵醒……

……马戏旺季到了……"林林兄弟巴纳姆与贝利马戏团"的小火车开进了附近的货运站。来看马戏的人和女演员都到"贝蒂美发厅"来做头发、修指甲。她们有的坐在石头门廊或台阶上和我玩,有的在变戏法、讲故事。那个长着胡子的和那个文身的女人都是我母亲的顾客。她们说我是个可爱的小男孩。

一个表演空中飞人的女人来做头发。她的小女儿……大约五六岁，长着像秀兰·邓波儿[1]一样的金色卷发。她母亲把她拉进屋的时候，她一边跺着脚，一边尖声叫着。

母亲冲我喊着，让我把玩具拿给那个小女孩玩。我从玩具箱里拿出一个小火车递给她，但是她把火车扔到地上。小火车摔坏了。

"丹尼，"我母亲说，"去和她玩玩。"

然而，不论我怎么做，都无法让她停止哭泣。

"丹尼……"母亲恳求道。

我跑到楼上拿回了一堆书。打开其中的一本，我开始读起来："从前，有个美丽的公主……"

虽然小女孩仍在哭，但我没有停下来。她慢慢地不哭了，竖着耳朵听起来。当然，那时的我根本不识字，因为母亲常给我讲那些故事，所以我都记得。

"他居然识字！"一个顾客说道。

小女孩的母亲问："他几岁了？"

"三岁半。"我母亲骄傲地答道。

"他一定是个天才。"小女孩的母亲打开钱包拿出一分钱，"真聪明，丹尼，去买块糖吃吧。"

我仰起头，想看看分析师的脸。"我想那是我第一次知道可以靠讲故事挣钱。"

我看不见他的脸，他也未做任何评论。

大概三四岁的时候，我的这些记忆都被封存了。1929 年，也就是我两

---

[1] 秀兰·邓波儿（Shirley Temple，1928—2014）：美国著名电影演员、童星。

岁的时候，美国发生了金融危机。1933 年，罗斯福总统宣布关闭银行的时候我才五岁。就是在那个时期，我的父母被迫关闭了"贝蒂美发厅"，搬到了斯内迪克大道。他们向平卡斯先生租了公寓一层的两个房间。

在这段困难时期，母亲没有时间再在睡前给我讲故事，我就自己开始学习字母表。我识字毫无困难，所以在六岁上小学之前就能看书了。老师对我母亲说，我五岁就已识字，便没有必要再上幼儿园。

我将这些回忆与六七岁时第一次知道讲故事意味着什么联系在了一起。

一个潮湿的夏日夜晚，我和父母坐在门廊上乘凉时，看到邻居的一群孩子聚集在杂货店前的路灯下。

征得母亲同意后，我跑过去看发生了什么。那些大多比我年龄大的男孩坐在店前的木箱子上。箱子是冬天存放牛奶用的。有人把我抱上箱子和他们坐在一起，这样我就可以看见、听到他们在讲什么。

一个叫萨米的男孩正站在人行道上讲故事。我可以清楚地看见他未经修剪的头发垂到耳边，上衣打着补丁，破旧的黑鞋子没有系鞋带。

他津津有味地讲着圣女贞德在遭到恶魔弗兰肯斯坦攻击的那一瞬间，被巴黎圣母院的驼背人救下；人猿金刚抓住梅·韦斯特，把她拖进丛林；查理·卓别林抽出宝剑杀死了这个巨大的人猿，吹着口哨扬长而去。

坐在木箱上的人都聚精会神地听着萨米讲故事，当他停下来说"以后再接着讲……"的时候，大家都失望地尖叫起来。

接下来讲故事的人是托尼。他试着模仿萨米，可是并不成功。他讲得漫无边际，总是跑题。于是大家就用鞋跟敲着牛奶箱的边缘表示不满。

那个夏天，我晚上经常跑到那儿去听故事，所以明白了什么样的故事不受欢迎，以及如何讲故事才能让大家安静地听。我也想加入他们，显示自己也会讲故事。但当时我是那些孩子中年龄最小的，因而不敢在挑剔的听众面前展示自己。

我似乎什么也记不住。在去杂货店听故事之前，我在家里编好了故事,也想好了怎么讲。可每次轮到我时,我仍不知所措。

我在学校的情况也是如此。测试内容凡是要靠记忆的时候,我的成绩都很差。每次数学考试当天,母亲一大早就会把我叫醒,让我复习乘法表。然而到了学校,我就什么都想不起来了。多年前,我能一字不差地记住儿童书中的故事。可是上学之后,我什么都记不住。我觉得自己不够聪明。

后来有一天晚上,我躺在床上闭着眼睛,想为第二天的算术考试做准备。我把学到的内容在心里想了一遍又一遍,但什么也没记住。我强迫自己保持清醒,努力想着那些数字。遗憾的是,我必须用手指帮忙才能做加减。第二天早晨用冷水洗脸的时候,我盯着水池上面镜子中的自己,眼睛被肥皂水刺得生疼。就在这时,我突然意识到自己已经会了。于是我又把那些内容反复想了八九遍。

多次试图理清头绪失败之后,我终于在夜晚和清晨之间的那段时间,在睡梦中搞明白了所有问题。

在准备故事的时候我也用了这个方法:在入睡之前编好内容,然后存在脑子里。第二天早晨,我面对镜子中另一个我,发现自己已经记住了故事。

我用了很长时间才克服紧张。由于在睡梦中做好了准备,讲故事的时候我便能从容不迫。我的故事非常戏剧化,充满了危机和冲突,所以听众从来没有用鞋跟敲过箱子。

多年以后,我在《北美评论》杂志上发表了一篇描写萨米的短篇小说《演说家》。我还将在睡梦中学习的事改编成了查理·戈登在提高智商实验中使用"睡梦学习机"的情节。

"我喜欢讲故事就如同喜欢读书一样。"我对自己的分析师说。

"它让你想到了什么?"他难得地问道。

"我想到了爬书山……"

"书山？"

上三年级的时候，父亲开始和一个大腹便便的秃顶男人合作，但那个人的名字我不记得了。他们在布朗斯维尔开了一家旧货店，买卖废金属、旧服装和报纸。那些收购旧货的人每天都把收来的一堆堆货用马车拉到仓库。

父亲经常把我带在身边，让我在店里玩。我最感兴趣的就是那座书山……

那年夏天我八岁……八月里炎热的一天……父亲告诉我，为了把这些旧书打包送出去制成纸浆，他和合伙人还得付钱。"你可以把一些书拿回家。"

"可以留下来？"

"那当然。"

"能拿多少？"

他递给我一个小麻布口袋："只要扛得动，你拿多少都可以。"

我眼前迄今还能浮现出那些一直堆到屋顶的书。我看见三个高大的男人正在把书装进打包机。他们光着背，满身是汗，前额围着头巾。

一个工人从巨大书堆的最下面抱起一大捆书，撕掉书皮后递给另一个工人，后者将裸露的书页装进打包机。第三个工人将书压紧，放下机器的盖子。

第一个工人按下打包机开关时，我听到一阵摩擦的声响。第二个工人把线插进去，机器便将书捆扎起来。第三个工人打开机器，取出捆好的书，和另外几个人一起用手推车运到街上，然后装上卡车运走。这些书都将变成纸浆。

突然，我明白了该做什么。我爬到书山上，找个地方坐下来。我抓起一本书翻看几页，然后把它扔到地上或者装进自己的麻布袋子。我不顾一切地收集足够的信息，以决定哪本书值得被从那些汗流浃背的工人手中挽

051

救，免于被装进打包机。没过多久，我就选好了书。

选好六七本书后，我就从书山的另一端爬下，然后跑到外面把麻布袋子装到自行车筐里。

大多数在家中的晚上，我完成作业之后，不是去听什么广播，而是读书。除了读书，还是读书。很多书对我来说都太难，但我知道自己总有一天能读懂，也会学会其中的内容。

在书山上爬上爬下的男孩的形象，在我的记忆中定了格，象征着我对读书和学习的热爱。

写作《献给阿尔吉侬的花束》时，我很清楚这个故事源自哪里。在查理的智力增强之后，我想象着他登上了书山。登得越高，望得越远，直至他攀至顶峰，环顾着周围的知识世界——既有善，亦有恶。

然而，他不得不从另一端爬下书山。

8/ 沉默的精神分析师

我的精神分析师没有任何反应。我开始为此感到压抑,并想搞明白他是怎么回事。做完墨迹测试之后,"心理测试和衡量"课的导师拒绝与我谈论测试结果,这位分析师也一言不发!

未征得他的同意,我辞去了挨家挨户推销百科全书的工作,在艾克米广告公司找了一份新工作——销售直邮广告。广告里附有一个寄回订单的信封。公司将我们称为"业务员",但我们的工作其实也是上门推销,比挨家挨户按门铃好不到哪儿去。

当我告诉分析师,我违反了他定的第一个规矩时——避免生活中出现重大变化,他什么也没有说。

第一次参加艾克米广告公司业务员会议的时候,我遇到了伯奇。他身材高大、强壮,对附近的好餐厅了如指掌,还喜欢谈论书籍。听到他把公司叫作"粉刺"(Acne)而不是"艾克米"(Acme)时,我知道自己结识了一个朋友。

有一天,伯奇邀请我和他一起去彼得·弗兰德摄影室吃自带午餐。摄影室坐落在百老汇和第六大道之间。它与四十二街的图书馆只隔一个街区。伯奇有两个奥地利朋友在摄影室负责拍照,他们组成了一个室内音乐三重奏小组,吃完午饭他们就在摄影室演奏。

弗兰德是一名乐天且精力充沛的摄影师,说话带奥地利口音,他的每句评论都充满了善意的讽刺。他们演奏完就开始拍照,并邀请我观看。三个瘦高的女服装模特陆续走进来等在那里,看起来很是无聊,甚至情绪低落。那个红头发的模特用纸杯喝着咖啡,深褐色头发的模特一根接一根地抽着烟,而第三个金色头发的模特则锉着指甲。

过了几分钟,一个深色头发的矮个年轻女人走进了摄影室。她的老板正查看着一张尚未晾干的 8×10 英寸黑白照片。

"来啦,奥雷娅!"他说道,"关于背光,你说得没错!"

奥雷娅调整了一下光线,脱掉鞋走到背景旁,然后叫了几个模特过去。她开始为她们整理服装,她把褐发模特的衣服拿了出来。发现金发模特的衣服总是往下滑后,她便从口袋里掏出一卷丝线,她先将丝线的一头固定在衣服两边,然后把线拉长,将另一头固定在地板上。红发模特的衣服太紧,奥雷娅就把她的衣服从后面拉开,又整理了一下衣服前面的皱褶,让其自然垂落。这些都完成之后,她便站到一旁。

"好极了!"弗兰德喊道,"灯光!"

奥雷娅按下开关。

背景灯打开的一瞬间,模特们的表情立即变了。她们湿润的嘴唇闪闪发光,眼睛睁得大大的。在灯光下,她们精神焕发,充满激情和诱惑力。弗兰德拍摄了十几张照片。

"完毕!"他叫道,"太漂亮了,女士们。"

奥雷娅刚关了灯,三个模特就如同被松开绳子的木偶一样立即泄了气,恢复了无精打采,甚至是闷闷不乐的状态。

我明白这才是她们的真实状态。

晚上去纽约大学上心理学研究生课程之前,我经常拜访弗兰德摄影室。我尽量控制自己的紧张情绪,邀请奥雷娅同我外出、吃晚饭或者去剧院。当然,最好是三件事都做。

一个周五的下午,我接到作家莱斯特·戴尔·雷伊[1]打来的电话。他

---

1 莱斯特·戴尔·雷伊(Lester del Rey,1915—1993):美国科幻小说作家、编辑。

问我是否愿意做几份小说杂志的副编辑。这些杂志在当时很受欢迎，但印刷用的都是廉价的毛边纸，翻动的时候纸屑会落到衣服上。

"我不明白这是怎么回事。"我说。

"是这样，我的代理人斯科特·梅雷迪思听说体育杂志社有一个职位空缺。他与主编很熟，希望由一个懂小说的人来填补。我告诉他，你虽然迄今尚未出版过小说，但对故事有很棒的直觉，或许能够胜任。每周的薪金是50美元，感兴趣吗？"

想到会再次违反分析师定的规矩，我犹豫了片刻，但最终还是答应了。

"太好了，那你去一趟斯科特的办公室吧。在你到达之前，我会写好一份推荐信。他会先见你，然后安排你和鲍勃·埃里斯曼见面。"

"梅雷迪思从没见过我，为什么会推荐？"

莱斯特停顿了一下："别问那么多，如果想要这份工作，就抓紧时间吧。"

我到达斯科特·梅雷迪思文化公司的时候，莱斯特已经离开。接待我的是讲话速度极快的梅雷迪思。

"鲍勃·埃里斯曼在他康涅狄格州的家里工作，每周五到纽约来拿编辑好的稿件。他的副编辑事先没打招呼就离职了，所以他急着找人接手。"

他递给我一封签着"斯科特·梅雷迪思，1950年9月1日"的推荐信。信中称我是这个职位的最佳候选人，还说我曾在他的文化公司临时工作过六个月，为一份杂志审稿。此外，公司曾卖出了几篇我写的有关棒球、橄榄球的小说以及科幻小说。

我使劲咽了一口唾沫。看样子我们是绕不开这些题材了。

梅雷迪思称赞我看稿和打字的速度极快，业务熟练，并说服我接受建议的薪金。

见我一言不发，梅雷迪思便问我对这封信有何看法。

我耸了耸肩说："最后那句话是真的。"

"太好了，"他说，"那你最好在鲍勃回家之前就过去。"

马丁·古德曼出版集团及其下属的体育杂志社在帝国大厦的第十六层。下午三点我到达的时候，编辑鲍勃·埃里斯曼正在那里等我。

他从办公桌后面站起来表示欢迎，接过推荐信便点了点头，就好似已经读过。"好极了。斯科特·梅雷迪思看人眼光很准。从星期一开始，先试用你两周。"

他把我带到旁边摆着两张桌子的办公室。在靠近窗户的那张桌前坐着一个胖老头，鼻子上挂着牛角框眼镜，嘴里叼着烟斗。

"这位是犯罪与刑侦栏目的编辑，"埃里斯曼为我们介绍道，"丹尼尔·凯斯准备担任小说栏目的副编辑。"

老头透过眼镜看了我一眼，挥了挥手中的蓝色铅笔打了招呼，然后继续看他的稿子，嘴里的烟斗仍然冒着烟。

埃里斯曼把我带到对面一张较小的办公桌前，他指着书架上不同颜色的夹子说："这些都是代理公司送来的，德克·怀利、莱恩杰、马特森等等。你知道的，灰色的来自斯科特。"

我点点头，开始淌汗。

他指了指墙上挂着的鲜红色和黄色的杂志封面。《贝斯特韦斯特》（*Best Western*）杂志五月号封面的突出部分，是一个被满脸胡须的牛仔挟持的受害者，黄色背景中有一个伴随着枪击冲出的骑着白马的英雄。导语写道："英雄云集的地方……孩子们在复仇谷唯一的朋友……长篇小说连载。"封面上方的横幅标题为《三部全新的小说和故事》。

埃里斯曼说："你要把他们送来的稿子都看一遍，选出和小说一起刊登的故事并编辑好。"

我拿起那本细长的杂志："三个故事？"

他耸耸肩："就是长故事或者短篇小说，这样读者会认为他们花二十五美分买份杂志是值得的。"

"我不负责选小说？"

"小说是我们委托各领域的顶级作家撰写的，由我编辑。我还负责写简介、标题以及插图说明。你来挑选和编辑故事。我们要出九份月刊——四份韦斯特、四份体育和一份科幻小说杂志。每份杂志你都拿几本吧,看看我们的读者都喜欢什么题材。"

他看了一眼表:"我得去赶车了,下周五见。你走之前先去业务室报到,这样他们就会把你列入工资单。"

他走之后,我在新办公桌前坐下,试了试转椅。那位负责犯罪与刑侦栏目的编辑专注于自己的工作,没有注意到我。我将埃里斯曼提及的那几份杂志各拿了几本。

"再见,"我对这位同事说,"很高兴认识你,周末愉快。"

他向我挥了挥手中的蓝色铅笔,没有抬头。

出门前,我环顾了一下这间办公室。这样一来,靠阅读、挑选和编辑故事,我每周能挣 50 美元的固定薪水。我的职业生涯已经迈出了第一步。这笔收入足够维持我创作小说期间的生活。然后,我走出办公室乘电梯去了第五大道,准备从那里乘公共汽车去精神分析师的诊室。我十分担心。因为在几个月的时间内,我已经连续两次违反了他"四诫"中的第一个规矩。

我提前几分钟到达了诊室,等候时随手翻开了一本《完全韦斯特》(Complete Western),立刻发现两处印刷错误。这时候我才意识到,尽管斯科特在推荐信中说我熟悉一般杂志业,可我根本不知道如何编辑稿件。

我握着杂志的手开始颤抖,浑身淌汗,脑海中出现了一些深藏于内心的可怕情景。我看到了母亲撕作业本的手,耳边响起了她的声音——"必须完美"。

躺到床上后,我对分析师说:"我找了一份新的工作,不在艾克米广告公司干了,我将从事一系列杂志的编辑工作。"

我期待着他说点什么,比如:"是吗,那份工作你又辞了?"但是,他没有回应。

我接着说道:"必须承认,我违反了你定的规矩,不是一次而是两次,我很内疚。但是我讨厌挨家挨户推销，能登上文学阶梯的第一级台阶，我感到很兴奋。"

五十分钟后——中间有很长时间的沉默，我起身下床，付过款便离开了他的诊室。他的沉默不语着实让我恼怒，但我意识到他的方法确实有效。正是在这间诊室里，我把自己的新工作与儿时母亲要求我"必须完美"的记忆联系在了一起。

发现和纠正稿件中的错误、编辑和润色文字，这些我都有自信能胜任。但我突然想到，那些编辑和校对符号怎么用？

管它呢，我像往常一样嘟囔了一句："有志者，事竟成。"我没有回家，而是到第五大道乘公交车去了坐落在四十二街的图书馆。我要查阅有关编辑和校对符号的书籍。

看电影、打球，以及鼓足勇气与奥雷娅约会的事都暂且被搁置一旁——哪怕是短暂的约会。埃里斯曼下周五就要来拿稿件，我只有一周的时间学习如何做编辑。

9/ 首次发表小说

我在体育杂志社第一周的工作干得不错。我把几家代理公司送来的稿件通读了一遍，而且出于忠诚和感激，首先看了斯科特·梅雷迪思公司的来稿。不幸的是，为韦斯特和体育杂志撰稿的作者令我大失所望。于是，我从另一家公司的来稿中选了一篇，然后又翻看了一遍其他作者的自行投稿——有时被称为"后备"或"废纸堆"，以及我喜欢的稿件。

我发现编辑工作比自己想象的容易，要做的就是压缩冗长的句子，润色修辞，以及删除重复和多余的部分。

埃里斯曼周五过来拿走了我编辑好的稿件，并告诉我下周末之前会通知我是否能被聘用。那是一个漫长、难熬的周末。但是周二我就接到他从康涅狄格家中打来的电话，电话里他告知我被聘用了。

在随后的那个星期，我听说曼哈顿的一套公寓房即将出租。这所公寓就在莱斯特·戴尔·雷伊家的隔壁，正是他向斯科特·梅雷迪思推荐我的。公寓坐落在西区大道和六十六街的交界处，租金不包括热水供应，原来的房客菲利普·克拉斯的哥哥莫顿·克拉斯是我在商船队服役时结识的朋友。菲利普用威廉·坦恩的笔名发表了几篇幽默科幻小说。他找到了更大的房子，所以搬出去了。我租下了这套公寓。

当我告诉分析师，我又违反了他定的第二个规矩时——治疗期间不得搬家，他仍然不加评论。不过，我能感觉到他是不赞成的。

"我不能错过这个机会。"我说。

他还是一言不发。

我对自己说，他迟早会说话的。尽管那天是周五，但我突破精神防护层花费的时间和精力不少于周一。

至于那个公寓，我不知道该说什么好。涨价后，我每月要交 17.25 美元（没有打错）租金。房间的门正对着一条昏暗、悠长的走廊。走廊通向一个用煤油炉取暖的厨房，厨房里摆着冰箱。在冰箱左边有一个盖着铰链盖的浴缸。厨房里放浴缸看起来很奇怪，然而我现在意识到，将其放在公寓最暖和的房间里是有道理的。

这件事也解开了一直困扰我的一个疑问。

托马斯·沃尔夫[1]20 世纪 30 年代在纽约大学讲授创意写作课程。根据传记，善于写作长文的他，经常将冰箱当作书桌，把写好的书稿一页一页地扔进浴缸。

我知道沃尔夫乃文学巨匠，但那幅描绘他将写好的书稿扔进浴缸的插图令我困惑不解。难道他每写完一页，都要从厨房跑到浴室去扔书稿？

我现在明白了，他的住所一定像我现在栖身的公寓一样，浴缸就摆在冰箱旁边。我能想象出这样的情景：他奋笔疾书，把写好的书稿扔进浴缸，写完后再把稿子包装好寄给斯克里布纳出版社的编辑马克斯韦尔·珀金斯。后者会把沃尔夫的文字编辑好，收录进长篇小说《天使，望故乡》。

现在的编辑也是如此行事，公寓也依然是这般模样！我完全能够想象他的经历。

但是我个子太矮，无法像沃尔夫一样把冰箱当作书桌，而且那时我用的是一台老式的皇家牌打字机。天气寒冷的时候，我就坐在靠近厨房的屋子里，穿着厚毛衣，戴着针织帽，把一个木箱倒过来当作打字桌。

我把为重写航海小说做的笔记放到一旁，第一次认真尝试为杂志撰写

---

[1] 托马斯·沃尔夫（Thomas Clayton Wolfe，1900—1938）：美国作家，代表作品有长篇小说《天使，望故乡》。

短篇小说。

夜深了,尽管十分困倦,我仍然希望把手头的事情做完。然而,海明威在其回忆录《流动的盛宴》中告诫我们说:在完成一件事且知道即将发生什么的时候,就应停下来并将其置于脑后——置于潜意识状态,让其自行发展。我一直认为他的观点源自马克·吐温。马克·吐温曾说:要让写作机器停下来休息,这样第二天它就容易启动。

不过,我找到了另一个办法,哪怕某一天没有写作,也能帮我在第二天重新开始。这个办法,类似于精神分析师突破所谓的"周一清晨防护层"的做法。就如同必须突破心理创伤的瘢痕才能开始自由联想一样,写作者也需要冲破创作瓶颈。为了避免遭遇瓶颈,我尽可能每天早晨都写作。

每每遇到旅行或因处理紧急事务而无法写作之时,我都会感到沮丧。然而,当我突破了防护层从前一天停下来的地方重新开始写作时,感觉变得非常好。

我在负责编辑的韦斯特杂志上用笔名发表了自己的第一部短篇小说。就算受到威胁,我也不会透露这个笔名。这件事是这样发生的。

开始工作几个月后,广告部打电话告诉我,因为几个客户撤销了准备登在下一期《韦斯特故事集》(*Western Stories*)杂志上的广告,所以希望我能用一篇三千字的小说填补空白。我翻阅了所有的稿件,但没能找到适合的文章。

于是,我打开"废纸堆"里的投稿,但我发现大部分小说都过长,几篇看似较短的又没有标明字数,而我没有时间一一统计。就是在那个时候,我意识到在稿件首页右侧"第一连载权"下面标明字数的重要性。

我转了转椅子,心想,既然找不到长短适当的稿件,而杂志又急需用一篇故事填补空白,那我为什么不自己写呢?我毕竟认真挑选过了。无论如何，这么做并非为了钱，而是为了救急。因为一分钱一个字的稿费再减去百分之十的代理费，总共才24美元。此外，我也想发表自己的作品。

当然，我会用笔名，而且会通过正规代理人提交稿件。我给一位代理人打了电话，向他解释了情况。他告诉我这是常有的事，并表示愿意为我经办。

当天晚饭后，我便坐下来开始动笔。首先，故事得有一个韦斯特式的响亮标题。想起我之前的一艘船曾去过得克萨斯州的阿兰瑟斯帕斯港装过油，于是我打下了"阿兰瑟斯帕斯丛林伏击"几个字。写三千字，于我而言并不费力。

周五埃里斯曼带回了上周拿走的稿件，再次称赞了我的判断力并拿走了新的稿件。然而，一周后他送回稿件的时候却对我说："都选得不错，丹尼尔，除了那篇三千字讲'阿兰瑟斯帕斯'的故事。故事太差劲了！简直没法看！真不明白你为什么会选它。"

我使劲咽了一口唾沫："是这样，因为情况紧急，我只能找到这篇三千字的稿件，而且我想鼓励一下作者。"

埃里斯曼皱着眉头瞪了我一眼："是吗？"

"你为什么不喜欢这个故事？"

"这还不清楚吗，丹尼尔？故事老套，所有人物都是照搬别人的，情节也平淡无奇。作者确实有些才华，可是他还有很多东西要学。"

"我是想帮帮他。"

他闭着嘴，温柔的蓝眼睛盯着我，然后耸耸肩说："那就试试吧，不过，他必须修改。我们付给大部分签约作家的稿酬是每个字一分钱，但那是付给干净的文字而不是废话的。告诉他，文章要想写得漂亮、严谨，就必须删掉所有不必要的章节、句子和词。"

"海明威的风格。"我说。

"没错。海明威曾经说过，写不了解的事情，文章必然会出现漏洞。如果你发现并将其删除了，就会好得多。"

"所以,海明威的文章之所以漂亮,就是因为删除了多余的东西。"我说。

埃里斯曼点点头,将《韦斯特故事集》杂志的稿子扔到桌上,然后拿起我为《最佳体育故事》(Best Sports Stories)杂志编好的稿件。

"海明威要是写有关体育的文章就好了。"我说。

"他没写过吗?"埃里斯曼扬起眉毛,"告诉那位年轻作家,看看海明威在《我老爹》中对赛马、在《弗朗西斯·麦康伯短促的幸福生活》中对猎狮,以及在《五万元》中对拳击的描述。特别是他在那部伟大的小说《太阳照常升起》中对潘普洛纳斗牛场面难以置信的描述,还有在《老人与海》中对深海捕鱼的描述。"

"好的,我没有想起这些……"

"丹尼尔,我们是在谈论写作风格。但作为通俗小说的话,要想了解让海明威获得诺贝尔文学奖的那种最纯粹的写作风格,就读读《杀手》《一个干净明亮的地方》。——我是说让那位年轻作家读读。"

"我,我会告诉他的。"

"我得走了,"他说,"希望下周能看到你编辑好的《漫威科幻小说》(Marvel Science Fiction)。我们中午去'蔡尔兹'吃饭。"

他走之后,我靠在椅子上深吸了几口气,从身后书架上的灰色夹子里拿出一沓科幻小说的稿子开始读起来。其中一篇是莱斯特·戴尔·雷伊写的。

这份工作是在他的帮助下得到的,所以我急切地开始阅读他的作品。故事是原创,情景也引人入胜。但奇怪的是,他的文字很啰唆。用埃里斯曼的话说,需要大刀阔斧地删除。

我打电话告诉斯科特,我很喜欢这个故事,但觉得需要做些修改。

对方沉默了一会儿,然后缓慢但坚决地说:"莱斯特……不会……修改的。他的稿酬是每个字两分钱,如果做了修改,就只能拿每个字一分钱的稿酬。"

"我明白了。"

"你准备用他的稿子吗?"

我深吸了一口气。我知道自己有些冒失,但既然有这种强烈的感觉,便不准备妥协。"不能修改,那就不用。斯科特,对不起。"

"没关系,丹尼尔。我同意你枪毙戴尔·雷伊的这篇新小说。我可以把它卖给另一份杂志,没有问题。"

他确实这样做了。

这时,我想起自己应当找个代理人,于是把先前写的三部小说寄给了斯科特·梅雷迪思,请他考虑。他两页半纸的回信让我深感自己是多么天真。他,或者说他的读者认为,尽管我的小说还不错,但是"没有市场"。

他对我的三部小说一一做了鞭辟入里的分析。这几篇小说都未能出版,因为它们确实既不专业,也不成熟。梅雷迪思认为没有必要用一纸合同把我们约束起来,所以没有和我签代理合同。

我写了一篇新小说《借来的东西》,将它寄给了另一位科幻小说代理人。他叫弗雷德里克·波尔,在德克·怀利文学代理公司就职。他反馈给了我自己对这篇小说的印象。

他解释说,小说的问题在于它是雷·布拉德伯里[1]式的作品,而这样的小说只能由雷·布拉德伯里来写。

为了缓和语气,他又补充说:希望卖掉《借来的东西》。他觉得我能写得更好,热切期待我的下一部作品。

那天晚上,我翻阅自己的思想随笔时,发现了一段潦草的笔记:"如果我们能人为地增强人类的智力,那会发生什么?"多年前在等待前往纽约大学的列车时,我经常想到这个问题。

我又翻了几页随笔,看到在"豚鼠"的标题下印着几行字:

---

[1] 雷·布拉德伯里(Ray Bradbury,1920—2012):美国著名科幻小说家。

类似于"能够创造奇迹的人"的故事。一个平庸之辈在脑外科手术的帮助下变成了无与伦比的天才。

看到"手术"这个词,我立即想起了生物解剖课的情景。不是豚鼠,而是小白鼠!但是人"可以"代替豚鼠。我意识到从自己内心深处浮现出的记忆能够变成一个故事。但这只是一个想法而已。

我当时没有意识到,通过脑外科手术将一个人变成天才的想法,正是塑造一个自己和读者都会感兴趣的人物的第一步。

将小白鼠改成阿尔吉侬并写进故事,则是很久以后的事了。

10 / 编辑杂志和撰写漫画故事

奥雷娅和我开始定期约会。尽管彼此相爱,但我们决定在考虑结婚之前,我必须在成为职业作家的道路上迈出坚实的一步。

1950 年和 1951 年,我用笔名为杂志撰写了更多故事。埃里斯曼同意我的看法,那个被我揽到羽翼之下的年轻作家干得不错——我发表了他的第一篇小说。"他的写作风格大大改进,减少了陈词滥调,行文更加严谨,情节也更为清晰。他发展良好,甚至有望形成独特的风格。"

但是,我仍然没有用自己的名字发表过作品。

1952 年春天,《异世界科学故事》(*Other Worlds Science Stories*)杂志的编辑请我为"明星编辑专刊"写一篇小说。专刊将发表由科幻故事编辑撰写的六篇小说。如果我的小说被采用,我将得到每个字两分钱的稿酬。

我想到了"豚鼠"——通过手术增强人类智力,但意识到它太过复杂,而且自己尚未做好写这个故事的准备。于是,我放弃了这个想法,继续思索着。

我在笔记夹中发现了另外一个想法。解救奴隶机器人?如何应付反对机器人的偏见?他又如何保护自己?

在同一个笔记夹中,我看到了一个注解:"阿尔吉侬·查理·斯温伯恩。奇怪的名字。"或许我可以将第一个获得解放的机器人命名为阿尔吉侬。但我最后决定以罗伯特作为机器人的名字。

在和莱斯特·戴尔·雷伊一起喝咖啡的时候,我把写"解救机器人"

的想法告诉了他。他表示愿意出 50 美元买下这个主意。这个价格很有诱惑力。我觉得既然莱斯特愿意买,那么这个题目值得一写。

《被遗弃的机器人》是我以自己的名字发表的第一篇小说,而且列为专刊首篇。这篇五千字的故事,在扣除百分之十的代理费后,稿酬是 90 美元。

我迄今仍然保存的一份专刊已十分破旧,翻动时书页会脱落。小说的导语是:"罗伯特是地球上唯一获得自由的机器人。他可以随心所欲地做任何事情——但是他不想死!"

对一个作者来说,看到自己的名字被印在首次发表的作品标题之下,会有一种无与伦比的感觉。漫步在曼哈顿街头,你会想:为什么没有人追上来要求签名?你会考虑辞去工作,为了名誉和金钱而全职写作。

当作品屡屡被退稿,你又会重新回到现实中。

然而,关系密切的科幻小说写作和出版圈里的人,一定会注意到。早些年,科幻小说的编辑、代理人和作者不但彼此熟悉,而且互相推崇。在这个圈子里,一些人组成了"九头蛇俱乐部"(The Hydra Club)。我见过这个俱乐部的很多会员,也应邀参加过他们的聚会。不过,当时我太年轻,还无法成为会员。

在《被遗弃的机器人》发表后的一个周五下午,我接到了 H. L. 戈尔德关于牌局的邀请电话。他的家也是《银河杂志》(*Galaxy*)的办公室,这份杂志正是由戈尔德主编的。我听说他参加过第二次世界大战,自退役后便患了"广场恐惧症",因而很少离开他的家和办公室。

为了与其他作者、编辑和代理人交往,戈尔德每周五晚上都会请大家到他位于纽约的公寓里玩扑克。

虽然他的家既非巴黎的"双叟咖啡馆",也不是纽约的"阿尔冈琴圆桌",但对于一个想当作家的人而言,能够与那些致力于写作的人相聚,真是一件令人兴奋不已的事。

在晚饭后至第二天清晨这段时间,受邀者随时可以去他家里打牌。我们玩七张牌的梭哈、蟒蛇落牌和铁十字等。在认识玩牌的人和搞清楚游戏的门道——什么时候该虚张声势,什么时候要沉住气不出牌——之前,我每周50美元的工资已经用去了不少。

至1953年,由于平装书和电视节目的出现,我们杂志的读者锐减。体育杂志社不得不削减开支,于是给我发了辞退通知。埃里斯曼将用亚瑟·莱恩这个名字自己处理杂志业务,以便给人留下还有职员继续工作的印象。除了几份科幻小说杂志,其他杂志很快便停刊了。

在结束工作的前几天,鲍勃·埃里斯曼和我去帝国大厦的"蔡尔兹"吃饭。我们回忆了一起工作的情景。喝过咖啡后,我靠在椅子上说道:"鲍勃,我有件事要坦白。"

他挑起了眉毛。

"还记得你一开始不喜欢的那个作者吗?我对你说他有些天赋。"

"你是说写《阿兰瑟斯帕斯丛林伏击》的那个人?"

"没错,就是他。那个故事是我写的,其他几篇故事也是我通过代理人发表的,用的是笔名。我想让你知道这件事。"

鲍勃笑了笑:"我想,坦白能够令人心安吧。还记得那些韦斯特、体育小说和中篇小说吗?你不能够买它们,因为它们是根据合同被写就的。"

"当然记得。"

"在康涅狄格州米斯蒂克的家中审完你看过的稿、拟好导语和标题之后,你觉得我会干什么?"

"是你写的?"

他点点头。

我们举起酒杯,为一个时代的结束干杯。

与那些杂志的情况相反,马丁·古德曼出版集团旗下的《时代漫画》

(Timely Comics)日渐红火。古德曼建议我到他女婿斯坦·李那里去工作。斯坦·李负责几部漫画书和一些杂志的出版，后来成为价值数百万美元的漫威公司的董事长。我急需支付每月17美元25美分的房租，因而接受了古德曼的建议。我认为这是自己开始文学生涯的一条迂回之路。

斯坦·李是个身材瘦长、十分腼腆的年轻人。他言语不多，总是让编辑们自行与编剧、画家和作者联系。他负责阅读作者提交的故事梗概，然后进行取舍。事实上，他会接受一两篇由他所谓的"稳定"作者创作的作品。作为初审编辑，我需要对这些稿件进行评论并提出建议。然后，作者根据我的建议，在故事梗概的基础上创作脚本，加上对话和每个版面的动作，就如同创作电影剧本一样。

因为我有编辑《漫威科幻小说》的经验，而且当时已经发表了几篇科幻小说，斯坦·李就让我专门负责惊悚、奇幻、悬疑和科幻漫画书。我自然也会提出一些创意，自主完成一些工作，并利用业余时间写作挣钱。

我把自己没有提交给斯坦·李的一个创作设想称为"头脑风暴"。它是如此开头的：

第一个参加实验的人，智商从低于正常水平的90提高到了天才的水平……他完成实验后，智商又恢复到了原来的水平。然而，在经历了这些之后，他永远不可能再是过去的自己。当一个人体验过做聪明人的滋味，并且知道以后再也无法拥有这种感觉，再也见不到自己心爱的聪明、美丽的女人时，心里会是何等凄凉。

之所以没有提交给斯坦·李，是因为我觉得将这个创意用于漫画书太过可惜。我知道在学会写作之后，自己总有一天会动笔写的。

1952年秋天，我违反了第三个规矩——在进行心理治疗期间不得结婚。我向奥雷娅求婚，她答应了。

我将这个消息告诉斯坦·李的时候,他搓着手,幸灾乐祸地说:"太棒了,丹尼。结婚、买房、抵押贷款,再买一辆豪车。如此一来,你就不能自由自在了!"

我和奥雷娅离开市政厅的时候,菲尔和莫顿·克拉斯向我们身上抛了大米。喜宴就摆在彼得·弗兰德的摄影室里。朋友、模特和亲戚都前来庆贺,婚礼蛋糕是从林迪餐厅订的奶酪蛋糕。

我们没有买房,而是搬进了我那间只有冷水的单身公寓。奥雷娅仍然在彼得·弗兰德的摄影室工作,我则一边为斯坦·李撰写漫画脚本,一边重新开始写那部航海小说。

几个月后的一天,奥雷娅打来电话,不安地说:"彼得和他的新合作伙伴吵起来了。我觉得他们会决裂。你最好过来看看,确保我能拿到工资。"

我从书桌前站起来,赶到摄影室。奥雷娅当天就离开了弗兰德。弗兰德的合作伙伴想请我们继续为他工作,奥雷娅当摄影师,我为他做宣传和推销。我们把积蓄投进了时装摄影生意,梦想着成功。

但我很快就发现,我们的这个生意合伙人似乎是个屡教不改的骗子——至少当时如此认为。我仅仅通过把他说的话当作黑白颠倒才度过了那一年。对生意成功的期盼变成了周而复始的噩梦:在地铁站台上,那个合伙人就站在我面前,我怒不可遏……伸出双手,向前迈了一步……这时候又来了一辆列车,飞快地驶过高架桥——就如同我童年时那样;我退回来,转身离开,躲进被窝。无奈之下,我把股份卖给了这个合伙人。我们投入公司的积蓄都打了水漂。

无力支付每周两次的精神分析费用,我只好违反第四个规矩,提前通知分析师终止治疗。

我听见他在背后对我说:"你犯了个极大的错误。这些规矩,开始治疗时你就知道。剩下的疗程,你即使不来,也必须付钱。"

我从床上下来,盯着他的眼睛付了钱:"谢谢提醒。"

正如同我后来将"心理测试和衡量"导师作为测试员伯特的原型一样——在《献给阿尔吉侬的花束》中,伯特负责为查理做墨迹测试——我现在发现这位精神分析师就是斯特劳斯博士的原型。

为了探索我的写作生涯,现在姑且将对精神分析师的评判搁置一旁。从事写作多年,我对弗洛伊德的两个理论已坚信不疑:人的行为受无意识影响;可以通过自由联想探索人的无意识。

既然大多数作家都将自己的经历融入了他们创作的人物,并营造了可信的环境和情节,那么,我也可以用弗洛伊德理论提供的方法,发掘和利用自己在生活中积累的素材。梦想成为作家,是因为我热爱读书和讲故事,但真正属于我自己的写作素材,却储存在内心深处的无意识之中。我通过自由联想发掘相互联系的记忆,并将它们揭示出来,就如同用锄头挖出植物的根茎,再将其种植于能够茁壮成长的环境之中。

多年后,在创作《献给阿尔吉侬的花束》时,我感到有必要增加斯特劳斯博士为查理进行精神分析的情节。虽费尽心思,故事却不尽如人意。沮丧之下,我将这个念头抛在了脑后。几个星期后,一天清晨醒来,我忽然感到问题的答案浮现在脑海——越来越接近屏障。我躺在床上,直至脑海中出现这个画面——我躺在分析师诊室的床上,努力冲破"周一清晨防护层"。

尽管我当时并不明白这是怎么回事,我的分析师还是挣到了钱。

我将这个情景用到了查理身上。

第三章
用精神力量解决具体问题
Mind over Matter

11/ 寻找查理

在之后的几个月里，人工提高人类智商的想法不时浮现在我脑海中。那段时间，我反复开始，尝试，又反复出错。因为根据过去的笔记，主要人物可以有不同的名字和出场方式。

* * *

一个工作人员推荐他的表兄参加智商提高实验。沃尔顿是个单身汉，他爱上了一个在影像图书馆工作的姑娘……

* * *

史蒂夫·德克尔进出监狱的次数连自己都记不清。只要出手，他似乎就一定被抓。自我挫败型人格导致他做什么都不成功。他认为这是因为自己不够聪明——心爱的姑娘不理睬自己，也是这个原因。于是，他看到关于让动物变聪明的文章后，主动提出充当脑外科手术的"豚鼠"。

* * *

提高弗林特·加根智商的故事。弗林特是个粗鲁的男人，喜欢在浴室墙上涂抹脏话，一言不合就动手打架……他还经常伤感、触景生情，喜欢婚礼、小孩和狗——他自己也养狗。

弗林特小时候不喜欢上学，辍学去跟着一个水管工干活……觉得上学对某些人有益，对自己却不会有帮助。

写作的时候，我尽量照搬原始素材，不加以评判或修改。如果我感觉不错，稍后会修改它。可是，我既不喜欢史蒂夫·德克尔、弗林特·加根，也不喜欢记录下的其他数十个人物。我努力搜寻自己的记忆、感觉和周围的世界，希望找到有关这个故事中人物的线索。

我很快便意识到，问题的部分原因在于，我是先有了"如果这样，会发生什么？"的想法，而后才尝试创作一个人物去扮演这个角色，但并不知道他是什么样子。

我决定先从引发这个想法的事件写起，然后让人物随着故事情节发展。

故事情节通过一系列相互连接的章节发展，事件发生的原因和结果则体现在我们所谓的形式和结构之中。然而，要完成一个故事，我还有很长的路要走。

荷马在创作史诗《伊利亚特》和《奥德赛》时都采取了"从中间开始"的写法。想到这一点，我也试着从故事的中间部分开始讲述。

* * *

三天后，他们把他推进了医院的手术室。他用一只胳膊撑起身子，向监督准备工作的琳达挥了挥手："祝我好运吧，美人。"

她笑着说："你不会有事的。"布罗克博士微笑的眼睛从手术服面罩后面望向他。

写到这儿，我无法再继续下去。如果我是编辑，一定会用蓝笔把这句话圈起来，并向作者指出："'微笑的眼睛'？注意你的表述。'手术服面罩后面'？要是这样，他岂不是要蒙着眼睛做手术！"

尽管如此，最终出版的小说还是包括了我当时写的一些段落。

在几个月的时间里，我大概尝试了二十多种小说开头的方式。但凡有了一个想法，我便会写下几行字或几段话。但是，我仍然没有找到合适的人物。我在寻找一个令人难忘、能够被自己和读者认可的主人公。他要有强烈的动机和目标，要能够引发其他人物的回应，而且他的内心生活要有人性化的维度。

到哪里寻找这样的人物？又如何塑造并使这个人物丰满？我感到茫然。然而，几个月后，他走进并改变了我的生活。

12／查理找到我

事情发生在布鲁克林。奥雷娅和我搬回了那里,房子就在我父母公寓的对面。那条街是我从小长大的地方。我们破产后,奥雷娅当起了时尚造型师,而我又开始为斯坦·李撰写漫画脚本。

为了获得教师资格证书,我利用晚上的时间学习美国文学硕士课程,想借此从目前的工作中获得自由。我通过了教育委员会代课教师资格考试,得以在高等中学授课——十年前我刚刚从那里毕业。

我用晚上、圣诞假期和暑假的时间来写作。1956年,我完成了科幻故事《埃尔莫的烦恼》。它讲述了这样一个故事:为了化解世界上所有的危机,一台国际象棋超级计算机被制作出来。但是计算机埃尔莫明白,一旦再无问题需要解决,自己将被销毁。于是,埃尔莫在解决问题的同时,植入了一个我们现在所谓的"蠕虫"或"特洛伊木马"程序,制造出需要它去解决的新的世界危机。《埃尔莫的烦恼》发表于《银河杂志》。

1957年6月,我通过了纽约教育委员会的英语教师资格证书考试。作为一名正式教师,我的收入有所增加,所以奥雷娅和我就在希捷街租了一套一居室。公寓坐落在科尼岛西端一个封闭式社区里。我喜欢在海滩上漫步,呼吸夹杂着咸味的空气,一面眺望大海,一面回忆出海航行的岁月。我把书桌和打字机放在卧室的角落里,感觉在那里可以安心写作。

第二学期开始时,英语系主任让我给两个班讲授创意写作课,因为我发表的四篇小说给他留下了深刻印象。两个班的学生人数都控制在25人以内。这些学生都天赋很高,喜欢读书并且想成为作家。或许正是因为聪明，他们中的很多人都想当然地认为自己必定会成功。当他们望着我留的一大堆作业叫苦连天，或者不愿意修改自己的文章时，我就对他们说："有些人热爱写作，还有些人想成为作家。天才可以不费力气，但其他人只能借由对写作的热爱和不懈的努力才能成功。"

似乎是为了平衡教这两个"特别班"，我又被安排为两个"英语提高班"授课，班里的学生智商都不高。"提高班"主要讲授拼写、句子结构和段落展开，课堂讨论则集中于他们感兴趣的问题。我被告知，为"提高班"的"特殊学生"授课，旨在激发他们对日常事物的兴趣。

我永远不会忘记第一天给"提高班"授课时的情景。迄今，我仍能想起坐在教室后排窗户旁边的那个男孩。五十分钟的课程结束后，铃声刚刚响起，学生们就立刻跳起来冲出教室，只有那个男孩慢吞吞地向我的桌子走来。他穿着一件黑色的大衣，上面印着橙色的字母 J。

"凯斯先生……我能问您一个问题吗？"

"当然可以。你参加了橄榄球队？"

"是的，中后卫。凯斯先生，我们这个班是傻子班，对吗？"

我大吃一惊："什么？"

"为笨蛋开的……傻子班……"

我不知道如何回答，只能含糊地说："不……不是这样的……不过是一个'特殊'的'提高班'。我们只是比其他人进度慢些……"

"我知道这是个傻子班。我只是想问问您，如果我通过努力在期末变聪明了，您能让我到正常班去上课吗？我想变聪明。"

"当然。"我答道，但其实我并不清楚自己是否有权这样做。

那天晚上回到家，我想继续写一篇已经开始的小说，但那个男孩的形象不停地在我眼前闪现。时至今日，我仍然记得他说的"我想变聪明"。我从来没有想过，一个有发育障碍——那个时候被称为智力发育迟缓——的人会意识到自己的局限，而且想变聪明。

我开始动笔写这个男孩。

***

短篇小说:"提高班"的一个男孩意识到自己是个"傻子"。老师的观点。唐纳德……标题:"天才与弱智"。

两个一起长大的孩子,一个聪明,一个迟钝。迟钝孩子情况的恶化反映了整个文化。斯图尔特知道自己是一个智力低下的傻子,但一直在努力改变这种状况。

***

一个"提高班"的男孩爱上了一个聪明的女孩,但女孩当时并不明白人的智力存在差异。随着两个人逐渐意识到……因为有行为问题,他被安排到了这个班。他参加了一个被称为"鸱鹞"的团伙。

***

科里是个神经质的孩子,非常聪明,但总是情绪不安。他的老师是一个刚任教不久的新老师,有理想,有激情。老师相信科里的行为可以被纠正。聪明的男孩与低智商的男孩为了一个女孩发生了冲突。在一次争斗中,低智商的男孩打死了聪明的男孩。

以及等等,我也不知道结局是什么。我把笔记放在一旁,暂且不去想这个故事。

我决定根据自己和奥雷娅从事时尚摄影的经历写一部小说。我觉得那个合伙人简直要把我们逼疯了。奥雷娅建议我放弃教书工作而专职写作,她自己则到曼哈顿做时尚造型师。

一切都进展顺利。那时候我习惯在晚上写作,在卧室里敲打字机发出的声响便成了奥雷娅的催眠曲。事实上,如果我停顿的时间过长,她就会从睡梦中惊醒,喃喃地问我:"怎么啦?"

一起吃过早饭后,我就骑着我那辆红色的库什曼摩托车把她送到车站。回到公寓后,我会睡上一觉,晚上再把她接回来。我们一起吃晚饭。

她上床睡觉后，我就在卧室角落里的打字机前坐下来写作。

写那部时尚摄影小说的初稿用了多长时间，我已经忘记了。但我记得，在写作停滞了几天之后，再拿起初稿重读一遍的时候，我简直恶心得要吐出来。写得太糟糕了！

我备受打击，心情郁闷、沮丧，几乎要放弃写作。

后来，在1958年的夏天，戈尔德打电话请我继《埃尔莫的烦恼》后，再为《银河杂志》写篇小说。

"我试试吧，霍勒斯。我已经有了一个想法。"

"那太好了，写完尽快拿给我看。"

一个编辑请正在苦苦挣扎的作家写小说，竟能令后者的痛苦、沮丧情绪立即烟消云散，真不可思议！我翻看文件夹和笔记。

我发现了自己大学一年级时做的笔记。在一页旧得发黄的纸上写着："如果我们能人为地增强人类的智力，那会发生什么？"我回忆起那天自己在地铁上想到的：正是教育使我和自己所爱的人产生隔阂。

我不时地回想起那些想法。我重读了有关提高智商手术的笔记和随笔，思索着小说的情节和结构——一个经典的悲剧。

我想起了亚里士多德《诗学》中的一段话：悲剧只会在出身高贵的人身上发生，因为只有从高处跌落才会造成悲剧。如此，我不妨验证一下，我想。如果一个比卑微之人还要低下的人，比如有智力障碍的年轻人爬上了书山，变成了天才，然后他又失去了一切，那将会发生什么？想到这里，我不禁屏住了呼吸。

这下好了，我有了主题和故事情节，但是仍然没有推动剧情发展的人物。

我打开一个最近的文件夹翻了几页，看到了以下笔记：

"英语提高班"的一个男孩走到我面前对我说："我想变聪明。"

我盯着面前并排摆着的几页纸,惊呆了。推动剧情发展的人物和"如果这样,会发生什么?"是相互冲突的。

我瞥了一眼在床上不安地翻动身体的奥雷娅,把文件夹推到一旁,准备重新开始。我需要几个新的名字。奥雷娅曾在拉里·戈登(Larry Gordon)摄影室工作过。在和我结婚之前她有一个男朋友——我的情敌,名字叫作查理。

我在打字机上敲下了这个名字。听到响声,奥雷娅叹了一口气,不久就进入了梦乡。

查理·戈登——不论你是谁,不论你在哪里——我能听到你的呼唤。我听到你对我喊:"凯斯先生,我想变聪明!"

好吧,查理·戈登,想变聪明?我就让你变聪明。我来了,不论是否已经做好了准备。

13 / 到达

我怀着从未有过的激情敲打着键盘,写下了故事开场的几页。未经编辑的第一稿如下:

天才效应

丹尼尔·凯斯

"戈登之所以是这个实验最理想的人选,"斯特劳斯博士说道,"是因为他不但智商低,而且很想当志愿者。"

查理·戈登坐在椅子边上,向前探着身,微笑着等待奈莫尔博士的回答。

"斯特劳斯,你大概是对的。不过,他这么瘦小、羸弱,身体受得了吗?我们不知道这个实验会对人的神经系统造成什么样的冲击,因为要在如此短的时间内将智商提高三倍。"

"我很健康,"查理·戈登站起来拍着扁平的胸脯自告奋勇地说,"我从小就干活,我还……"

"好的,这些我们都知道,查理,"斯特劳斯博士示意查理坐下,"奈莫尔博士指的是其他的事。这个问题太过复杂,现在还无法向你解释清楚。放松,查理。"

斯特劳斯看着自己的同事继续说道:"我明白他不是你心目中新型智力超人的合适人选,但要找到一个智商只有70的志愿者可不容易。大部分像他这种智商的人都有抵触情绪，不愿意合作。智商70意味着迟钝达到了异常的程度。

"查理性格好，对实验感兴趣，而且愿意配合。他知道自己不聪明，请求我给他一个机会做志愿者。我们不能低估动机的价值。你大概对自己很有信心，但不要忘记，他将是第一个通过外科手术提高智力的人。"

斯特劳斯博士的话，查理大部分都听不明白，但博士似乎是站在他这边的。他屏住呼吸，等待着奈莫尔博士的答复。他敬畏地望着这个白头发的天才抿了抿嘴，抓了一下耳朵，又揉了揉鼻子，最后终于点头应允。

"好吧，"奈莫尔说，"我们就让他试试。带他去做人格测试，我们需要尽快建立一套完整的档案。"

查理·戈登不禁站起来，越过桌子向奈莫尔医生伸出手："谢谢你，医生，谢谢。你不会后悔给我这个机会的。我一定会努力变聪明，非常努力。"

第一个给查理做测试的是一位罗夏测验专家。他试图深入了解查理的人格。

"现在，戈登先生，"这个瘦削的年轻男子将眼镜推到鼻梁上说道，"告诉我，你在这张卡片上看到了什么。"

查理对每一个新的测试都感到紧张，而且已经失去了许多童年往事的记忆。他疑惑地看着卡片："墨迹。"

"没错，是墨迹。"测试员微笑着说。

查理起身准备离开："这是个不错的爱好。我也有个爱好，喜欢画画。你知道吗？如果涂上不同的颜色，它们会现出不同的数字……"

"别走啊，查理先生。坐下来，我们还没做完呢。它让你想起了什么？你在墨迹中看到了什么？"

查理凑近卡片认真地看着。他从测试员手中拿过卡片举起来，然后又把它放到远处,同时用余光瞥了一眼测试员,希望得到暗示。突然,他站起来向门口走去。

"你去哪儿,戈登先生?"

"去拿眼镜。"

查理从放在柜子里的上衣口袋中取回眼镜,解释说:"我一般在看电影或电视节目的时候才戴眼镜,但得是好节目。再让我看看那张卡片,我一定能看出来。"

查理又拿起卡片,难以置信地盯着它。他觉得只要戴上眼镜就什么都能够看清楚。他十分紧张,皱着眉,啃着指甲,拼命想找出测试员希望自己从墨迹中发现的东西。"是一块墨迹……"查理说。看到年轻测试员否定的表情,他又连忙补充道:"但是很不错。边上的小东西很漂亮,而且……"看到年轻的心理学家摇了摇头,查理便不再作声。显然,他没有说对。

"戈登先生,我们现在已经知道这是墨迹了。我希望你告诉我,它让你想起了什么。你想象到了什么?也就是说,当你看到它的时候,心里在想什么?"

"让我再试试,"查理请求道,"我只需要几分钟。我有时候比较慢,看书也很慢,但是我很努力。"他再次拿起卡片,循着墨迹的边缘仔细地端详了几分钟,皱着眉努力地思索着。"它让我想起了什么?想起了什么?"突然,他的眉头舒展开来。年轻的测试员探过身去,期待地听着。"原来是这样,我真笨。我应该想到的。"

"让你想起了什么?"

"是的,"查理骄傲地答道,脸上露出了得意的微笑,"一支钢笔……墨水都洒到了桌布上。"

做主题统觉测验时,查理又遇到了困难,因为他被要求根据一组照片中的人和事编故事。

"我知道你从来没有见过这些人,"在哥伦比亚大学完成了博士论

085

文的年轻女士说道，"我也没见过他们。假如你……"

"要是我没见过他们，那怎么讲他们的故事？我有几张妈妈、爸爸和小侄子米尔蒂的照片。我可以给你讲米尔蒂的故事……"

看到女博士失望地摇着头，查理知道她不想听米尔蒂的故事。他开始疑惑，为什么这些人要让自己做如此奇怪的事。

在非语言智能测试中，查理的情况更惨。在十个回合的比赛中，他都输给了小白鼠。小白鼠每次都在他之前走出了迷宫。看到小白鼠如此聪明，他感到万分沮丧。

还记得在写开篇的片段时，我看到了正在写作业的自己：钢笔淌着墨水，在白纸上留下了墨迹。母亲的手从我肩膀上方伸过来，撕下了那张纸。看到查理遇到这种情况时的反应，听到他说的话，我不禁放声大笑。这些话都不是预先设想的，它们好像没有经过我的大脑，直接从指尖落到了打字机键盘上。内心深处有什么东西在告诉我，我抓住了这个人物。我终于成功了！

亨利·詹姆斯说过，"给定的"事物是作家写作的核心。好吧，一个男孩走到我面前，给了我讲故事的由头，作为回应，我将自己的记忆和经历用于描述他，使他的形象鲜活起来。

查理的故事开始自然而然地铺展开来，流畅而完美。

然而，第二天晚上我坐下来工作时，却无论如何也写不下去。有什么东西在阻碍我。是什么？我知道这个想法是原创的，我知道它很重要。它已在我心中萦绕多年，必须被写出来。到底是什么地方出了问题？

我一边重读写好的几页故事，一边笑着查理对墨迹的反应。突然，我明白了问题所在。我在嘲笑查理！用这个方式讲故事，读者也会笑话查理的。这是大多数人遇到智力不健全的人时都会犯的错误，他们会因此而产生一种优越感。我想起了那天自己摔碎盘子，顾客们冲着我大笑，戈尔茨坦先生叫我"白痴"时的情景。

我不希望自己的读者嘲笑查理。他们可以和查理一起笑，但不能当面嘲笑他。

我确实有创意，而且构思了情节和人物。然而，我没有找到恰当且唯一讲述故事的方式。我的视角是错误的。这个故事必须从查理的角度出发，以第一人称被讲述——描述出查理内心所想和双眼所见的情景。

然而，如何讲述？又以何种方式展开故事呢？

读者能够相信，这个故事从头至尾都出自一个智障人士的回忆吗？我自己都不相信。我想把每一个正在发生的事件和情景如实地记录下来，或者在它们发生之后立即写下来。用日记的方式？可是，让查理坐下来写长篇日记——特别是在开头和结尾部分，也不合情理。

以何种方式讲述这个故事，我纠结了好几天。我的心情越来越沮丧，因为我觉得自己就要接近答案了。后来，有一天清晨，我从睡梦中醒来，心中便有了答案：作为实验的一部分，查理被要求写《进展报告》。

过去我在故事和小说中从来没有见过这个说法，所以觉得自己开创了一个独特的视角。

既然找到了表达查理心声的方式，我知道他的话会通过我的手指出现在键盘上。然而，如何处理句子结构和拼写呢？可以仿效"英语提高班"学生的句子。如何知道他在想什么？或许可以通过回忆童年的情景。如何知道他的感受？将我自己的感受赋予他。

当福楼拜被问及如何想象并通过包法利夫人的心理活动描述她的一生时，他答道："我就是包法利夫人。"

同样，我把自己的一些想法赋予了查理，成为这个人物的一部分。

即便如此，我仍然担心在故事开始时如何写那些错误百出、结构幼稚可笑的短句。这时，我想起了马克·吐温写《哈克贝利·费恩历险记》时采用的办法。没有受过良好教育的哈克贝利说的都是大白话，因此马克·吐温在讲故事之前以作者的身份向读者做了说明。

这部小说是以一个"启事"开篇的："任何企图从本书叙述中探寻写

作动机之人,将被控诉;任何企图从中寻找道德寓意之人,将被放逐;任何企图从中寻找情节结构之人,将予以枪决。"

"根据本书作者——军械部长佩尔——的命令。"

紧接着是一个"说明":

"在本书中,作者采用了一些方言土语,即密苏里州黑人土话、西南偏远林区最地道的土话、'派克县'流行的土话以及该县土话中四种略有变化的分支……"署名为"作者"。

在读者有了心理准备之后,吐温才从哈克的角度,以他的口吻开始用第一人称讲述故事。

要是没看过那本叫作《汤姆·索亚历险记》的书,你就不会知道我这个人。不过这没有什么。那本书是马克·吐温先生写的,他大体上讲的都是实话。有些事是他编的,不过基本上是真的。

我决定效仿马克·吐温。我原来的开头(后来被我删除,已找不到)是这样的:

爱丽丝·金妮安来到实验室,询问奈莫尔博士是否有查理的消息。奈莫尔递给她一部手稿,第一页是用铅笔写的。由于写得过于用力,她感觉字都要从纸上跳起来了。

现在,我决定以查理的口吻开始讲述,我打下:

近展抱告1(3月5日)

斯特劳斯博士说,从现在开始,我因该写下自己想到和发生在自己生上的每一件事。我不知到为什么,可他说这非常重要,这样他们才会知道能不能用我。我希望他们用我。金妮安小姐说他们可能会把我变聪明。我想做个聪明人。我叫查理·戈登,37岁,两个星期前刚过完生日。我现在没有更多的事要写,所以今天就先写到这儿吧。

看着纸上的这些话,我知道自己成功了。当天和第二天晚上我都疯狂地写了很长时间,睡得极少,喝了很多杯咖啡。

后来在半夜里,写完查理和小白鼠比赛的那一段后,我大声叫道:"老鼠!老鼠!"

奥雷娅从床上跳起来,惊叫道:"在哪儿?在哪儿?"

听到我的解释,她睡眼惺忪地笑着说:"哦,那就好。"

我回到打字机前,为自己写了一个提示:

这只小白鼠和查理做了同样的手术,因而能够预测与实验相关的事情。它也是故事中的一个角色,是查理的一个毛茸茸的小伙伴。

名字。我需要给小白鼠起个名字。我的手指在打字机上随意敲了几下,纸上出现的是"阿尔吉侬"。

此后,故事便自行展开,大约三万字,可被称为中篇或短篇小说。

在第一稿中,故事是这样结束的:爱丽丝·金妮安含着热泪翻看着进展报告,请求奈莫尔博士和她一起去找查理。

菲利普·克拉斯(威廉·坦恩)此时已经和他的妻子弗鲁玛搬到了另一所公寓,就在我住的希捷街对面。除了奥雷娅,菲利普是我这部小说的第一位读者。第二天他把手稿还给我的时候说:"它会成为一部经典。"

我知道他在打趣,于是大笑起来。

接下来,我需要另找一位代理人。我给哈里·阿特舒勒打电话,向他介绍了自己,并说戈尔德请我再给《银河杂志》写篇小说。阿特舒勒说要看看《献给阿尔吉侬的花束》,于是我便寄给了他。他看后告诉我,很愿意做我的代理，但是否采用的决定权在戈尔德。

  我的心情可以用"欣快症"来形容。我刚刚完成了一篇小说，这个故事已经在我心里藏了许多年，而且我觉得它非常棒。此外，这篇小说是编辑请我写的，我还有了一位受人尊重的代理人。我觉得自己的艰难岁月已经结束了。

  可是我错了。

14/ 拒绝与接受

几天后,阿特舒勒打电话告诉我,他已经因为另一位作家的事联系了戈尔德,向他提及了我的新小说。"戈尔德让你把小说送到他的办公室,他会马上看。你知道他的办公室在哪儿吧?"

"我在那里学会了打扑克,而且发现自己不擅长虚张声势。"

"那好。如果他想买小说,不要和他讨论价格。这事儿我来办。"

从科尼岛到曼哈顿东边的十四街很远,但我还是刚好赶在约定时间到达了。这篇小说于我而言意义重大,所以我希望能在诸如《银河杂志》这样重要的科幻小说杂志上发表。但戈尔德以喜欢自己动手编辑著称,往往毫不犹豫地要求作者进行修改。

戈尔德在门口迎接了我,拿过信说道:"我在办公室看稿子的时候,你到书房休息一下,请随意享用咖啡和甜甜圈。"

我没料到他看稿子的时候会让我等在一旁,更没想过能立即得到这个领域最有声望的编辑给予的反馈信息。

在其后大约一个小时里,我喝着咖啡,翻看着《纽约时报》,还不时望着天空,心想:他会喜欢这个故事吗?他会拒绝还是接受?终于,他沉思着走出办公室,在我对面坐下。

"丹尼尔,这是篇好故事,不过我建议做些修改。它会成为一篇精彩的小说。"

我不记得自己当时是如何回应的。

"故事结局对我们的读者来说过于压抑。查理不该恢复原来的状态,智力也不该衰退；反之，他应当继续做超级天才，和爱丽丝·金妮安结婚并幸福地生活在一起。这样它就会是个非常棒的故事。"

我凝视着他。一个初出茅庐的作家该如何答复这样一位主编呢？他买下了自己的一篇小说，现在又准备买第二篇。此时，我想起了自己创作这篇小说的艰辛。难道我要置孤独的艰难岁月、书山上的痛苦经历和对亚里士多德理论的挑战于不顾？

"我得想想，"我喃喃自语道，"需要点时间。"

"我想买下它发表，但需要修改，用不了多少时间的。"

"我试试。"我说，但心里明白自己不可能修改结局。

"好吧，"他把我送到门口，"如果决定不修改，我相信你以后也会继续为《银河杂志》写小说的。"

我到公用电话亭给哈里·阿特舒勒打电话，把情况告诉了他。哈里沉默了很长时间。

"你知道，"他说，"戈尔德是个精益求精的编辑，而且市场意识极强。我同意他的意见，修改一下并不困难。"

我真想冲他大喊：这篇小说是我的心血！可是，我怎么能对一个职业编辑说这种话呢？

乘火车返回希捷街的路途既遥远又令人伤感。

我把发生的事告诉菲利普·克拉斯后，他摇着头说："戈尔德和哈里的意见是错的。如果你敢修改结局，我就用棒球棍砸断你的双腿。"

"谢谢你。"

克拉斯向我提出了另一个建议。那时候他在为《奇幻与科幻杂志》(*The Magazine of Fantasy and Science Fiction*) 的主编鲍勃·米尔斯工作。"让我把小说拿给米尔斯，看看他是否愿意买。"

我犹豫不决。《银河杂志》被视为最成功的科幻小说杂志，而《奇幻与科幻杂志》则因其文学价值而备受推崇。我接受了他的建议。

几天后，我得到了一个好消息和一个坏消息。鲍勃·米尔斯喜欢这个故事，但是小说的篇幅不得超过出版商规定的一万五千字。如果我删除一万字，他愿意以每个字两分钱的价格买下这篇小说。

"明白了。"我说。

做决定并不难。回想起我做编辑的时候，鲍勃·埃里斯曼曾强烈要求压缩文章。梅雷迪思也曾说过，莱斯特·戴尔·雷伊之所以拒绝压缩文章，是因为那样他的收入会减少一半。我逐页删除了每一段中每一个并非必需的字。压缩文字并没有像我担心的那样令自己感到痛心。

我删除了多余的从句、短语和插入语。例如，将"有诸如此类小词的句子都被改写了"，改成"改写句子"；将十五个字的句子压缩为四个字而不改变意思。同时，通过将"被改写"改为"改写"——被动语态改为主动语态，我的行文风格也从拖沓变得精简。

看到最后一段"爱丽丝放下手稿，请求奈莫尔博士和她一起去找查理"，我犹豫了片刻，然后在那页的中间部分划了一道长长的对角线，用查理的话结束了故事："如果有机会，请到后院阿尔吉侬的墓前献上一束花。"

鲍勃·米尔斯买了我的小说。

那年夏天，我应邀去宾夕法尼亚州米尔福德参加一个研讨会。与会的"九头蛇俱乐部"资深成员每天下午都会用一些时间传看各自的最新作品，请同行评议。我也被邀请提供一篇文章，于是决定请大家看看《献给阿尔吉侬的花束》。

研讨会的前一天晚上翻看手稿时，我发现自己犯了一个错误。既然我删除了结尾爱丽丝看完进展报告后去寻找查理的情节，那么故事的开头部分——奈莫尔把手稿交给爱丽丝——就多余了。

之所以那么写，是因为我不想用查理错误百出、简单沉闷的句子开始讲这个故事。我不希望在未事先说明的情况下，让读者直接面对查理的"特殊"视角。

我决定相信读者。

那天晚上，我删除了起始的两页，改用查理自己的话开头：

近展报告（1）（3月5日）

　　斯特劳斯博士说，从现在开始，我因该写下自己想到和发生在自己生上的每一件事。我不知到为什么，可他说这非常重要，这样他们才会知道能不能用我。我希望他们用我。

改好后，我便出去面对对我的评判。在这些人中，四十年后我仍然记得的有：朱迪·梅里尔、达蒙·奈特、凯特·威廉、吉姆·布里希、阿夫拉姆·戴维森、特德·科格斯韦尔和戈迪·迪克森。我希望那些被我忘记姓名的人谅解。

我们把椅子搬到院子前面的草坪上坐下来，开始传看文章。我现在还记得，对我的评判都是一些赞美和祝贺之词。因此，我觉得他们已经接受了我，将我视为作家同行。他们都是我仰慕的人。

《献给阿尔吉侬的花束》作为头版小说被发表在1959年4月的《奇幻与科幻杂志》上。这一期的封面是埃德·埃姆什威勒的一幅油画。五个月后，他把这幅画的原作送给了奥雷娅，作为我们第一个孩子希拉里·安诞生的礼物。这幅画现在仍被挂在我家的客厅里。

1960年，在匹兹堡召开的第十八届"世界科幻大会"上，艾萨克·阿西莫夫将1959年最佳小说"雨果奖"授予我，并盛赞了这部小说。

阿西莫夫后来为《雨果奖得主》(*The Hugo Winners*)撰文写道：

　　"'他是如何做到的？'我问缪斯，'他是如何做到的？'望着丹尼尔·凯斯温柔的圆脸，我似乎听到他在说：'听着，如果你发现了我是如何做到的，务必告诉我。我想再做一次。'"

那天晚上,我并非独自参加颁奖典礼。还有一个看不见的人与我一同站在聚光灯下,还有一只手和我一同接过了"雨果奖"。在内心深处的角落里,我看到一个男孩走到我的桌前说道:"凯斯先生,我想变聪明。"

　　从那以后,他就作为查理·戈登一直陪伴在我身旁。

第四章
写作炼金术
The Alchemy of Writing

15/ 演变——从中篇小说、电视剧到长篇小说

《献给阿尔吉侬的花束》获得"雨果奖"后不久，哥伦比亚广播公司为"美利坚的冷酷时刻"电视剧频道购买了这部小说的电视剧版权。小说《冲动》（*Compulsion*）的作者詹姆斯·亚飞担任编剧，克利夫·罗伯逊扮演查理。

我从布鲁克林学院获得英美文学硕士学位三个星期后，也就是华盛顿生日那天，我坐在奥雷娅的病床旁观看了电视剧《查理·戈登的两个世界》。奥雷娅当时正在医院接受治疗。

护士们都跑过来观看，挤满了病房和走廊。看到我的名字出现在屏幕上，大家都鼓起掌来。剧终时，掌声再次响起。我打开偷偷带进医院的香槟酒，倒在护士长拿来的塑料药杯里。大家一起饮酒祝贺。

罗伯逊的表演十分出色，所以这部电视剧播出第二天便好评如潮，这并不令我惊讶，获得"艾美奖"提名时也是如此。不过，《查理·戈登的两个世界》后来输给了莫里斯·埃文斯主演的《麦克白》。

这部剧播出几天后，罗伯逊便开始与我协商戏剧电影版权事宜。他对媒体称自己"一直是个伴娘，从未做过新娘"，指自己主演了电视剧《醉乡情断》《江湖浪子》，但是失去了主演电影的机会。这两部电影分别由杰克·莱蒙和保罗·纽曼主演。

六个月后，罗伯逊和我达成了协议。在成功出演电视剧之后，他将继续主演更名为《查理》的电影。

为了不让读者误会我因此获得了与之相当的经济收入,特将我1961年的写作收入明列如下,扣除百分之十的代理费后,我从《献给阿尔吉侬的花束》中获得的总收入为:

2月10日——"最佳文章和故事"再版	4美元50美分
4月24日——"最佳科幻小说"	22美元50美分
9月8日——罗伯逊支付的电影版权费	900美元
11月2日——"文学作品集"再版	22美元50美分
	净收入总额:949美元50美分

因此,我晚上写作,白天还要到中学授课以养活妻女。

一天下午,我在从托马斯·杰斐逊中学乘火车回家的路上遇到了一位同事。他坐到我身旁说道:"丹尼尔,我看了《献给阿尔吉侬的花束》,我一直在想,其中的一些比喻究竟意味着什么?"

获得认可令人感到欣慰。

他提到了几处细节,确信它们一定有象征意义并要求我解释。

听完我的解释,他扬起眉毛疑惑地看着我:"哦……"然后问道:"仅此而已?"

他的话给我留下了深刻的印象。从此,我不再向任何人说明、阐述或者解释自己作品的意义、创作意图和素材。这位同事给我上了一课:作家或艺术家如果保持沉默,那么这个问题就会有很多可争议和讨论之处,而且有各种不同的解释和意义。作者若要解释或分析,就必须重新审视自己的作品。

在本书中,我已经描述了自己的写作方法、素材和创作过程,因而不再做任何解释。这件事应当由读者来做。

既然有些批评家认为作家并不知道自己在做什么，更不理解自己的作品，那我们最好不去谈论自己的创作意图。

我想说明什么？这并不重要。

与此同时，我开始写作航海小说的第二稿。有人曾经说过："学习写小说的方法就是写小说。"于是我想，学习创作的最佳方法就是动手创作。

在写作期间，我抽空读了《生活》(*Life*)杂志上的一篇文章，它描写了一个使用放射性同位素的工厂内发生的事故。文章中有几张受到辐射的技师和他家的照片。防辐射专家裁剪了他家的部分地毯和窗帘，因为他在不知情的情况下将放射性粉尘颗粒带回了家。

看到他妻子和儿子的照片，我感到十分痛心。他的妻子不得不剃掉头发，儿子则因受到辐射而患病。他们脸上的表情令我动容。

1961年冬天，我搁置了航海小说，开始写《一粒粉尘》(*A Trace of Dust*)。

这部小说讲述的是，年轻的夫妇巴尼和卡伦·斯塔克受到了工业放射物的辐射，在经历了无数次绝望之后，终于怀上了他们的第一个孩子。社区里的人对受到辐射的人会做何反应？卡伦在怀孕期间如何因担心产下畸形儿而备受折磨？

通常情况下，我写小说或编辑、修改之时，即使停下来，故事仍会在脑海中萦绕。但小说发表之后，我便能立即放下它，去做其他事情。幸运的话，我可以开始创作另一篇小说。不过我发现，在创作新小说的同时，还有什么事情仍然在心中继续着——查理·戈登一直追随着我。

尽管我已经把航海小说暂且放在一旁，转而构思那部描写辐射受害者的小说——后来更名为《受到辐射的男人》(*The Contaminated Man*)，查理仍不停地浮现在我脑海中。我回想起他的童年，他对父母和智力正常的妹妹的记忆，以及在他成长过程中发生的事情。我把这些都记下来，然后放到一边。在继续创作描写辐射受害者的小说（又更名为《弥达斯的触摸》[The Midas Touch]）时，我变得聪明了，笔随心走，如此便能顺利地写下去，而且总能发现比原来更好的想法。新的想法是如此强烈，我必须把它们写下来。可是，就在你动手写时，却又有了新的想法，一个接一个。在未曾意识到之前，你已经有了一系列未完成的故事。我是如何知道的？因为我已经有了很多这样的故事。它们已被忘却，抑或始终在我内心深处长眠？直至试图重拾这些故事，我仍不知道答案。

我企图摆脱查理的纠缠，但他不肯离去，这迫使我不得不关注他。记得夏日的某一天，我正坐在打字机前，突然有了一个想法：作为一个超级天才，查理或许能回忆起童年时的全部往事！但是，我不知道他在手术之前是如何感知自己的童年世界的？是模糊的还是不完全的？还有，查理变成天才后，如何回忆起那些印象并不深刻的情景？

这将是一个写作上的挑战。

我想立刻动笔，却又放不下那部描写辐射受害者的小说——又更名为《触摸》。

我无法决定巴尼和卡伦·斯塔克是否生下了畸形儿。

最后，无奈之下，我写了《触摸》开始的章节，同时制订了将中篇小说《献给阿尔吉侬的花束》扩写成长篇小说的计划。

先写哪一部呢？

我认为扩写《献给阿尔吉侬的花束》用不了太长时间。因为我已经有了构思、情节和主要人物，而且也想好了如何写查理的"进展报告"。既然只需要增添一些细节，我或许应当先写这部。鉴于中篇小说已获得"雨果奖"，出版商大概会愿意接受这部长篇。

我搁置了《触摸》的写作。根据我扩写《献给阿尔吉侬的花束》的计划，一家出版商愿意和我签订合同并预付 650 美元稿酬。倘若书稿不令人满意，或者我不能按时交稿，必须退回全部预付稿酬。以往我写小说从未有过截止日期，而且我知道自己需要无拘无束地进行创作。

我听说一些成名作家受聘在高校讲授创意写作课程，尽管他们只有硕士学位。如果能在大学教书，就意味着我可以放弃在纽约的正规教学执照和教职，每周只讲六至九小时的课。

在向全国高校发出了百余封求职信后，我收到了一个积极的答复。底特律的韦恩州立大学愿意聘请我去教文学和创意写作课，聘期四年——不续聘且为非终身教职。我每季度要教两个班，每个班每周上两次课，每次三小时，此外还要参加各种会议。

犹豫之际，我想起了莎士比亚的话：

人生总有潮起潮落之时，
唯有逆流而上方能获得成功；
漂浮在茫茫大海之上，
搁浅于海滩或陷于苦难；
唯有潮起之时奋勇向前，
才不会遭遇人生的失败。

（《裘力斯·恺撒》，第四幕第三场）

莎士比亚言之有理。我现在正处于拼搏时期，必须冒险一试。我向自己保证，将中篇改为长篇用不了太长时间，改好再继续写《触摸》也不迟。

我从同事那里买了一部老式汽车，装上我们的大部分财产。在妻子的鼓励下，带着电视剧的版权收入和出版社预付的稿酬，上路了。

驶过林肯隧道的时候，我想起了《纽约时报》的奥克斯先生的话："向西，查理！"我高声叫道："《献给阿尔吉侬的花束》不是大获成功，就是彻底失败！"

16/ 再次被拒绝

在随后的两年里，我在韦恩州立大学教书的同时，还在将《献给阿尔吉侬的花束》扩写成长篇小说。在查理的生活中，有太多我想探讨的东西。然而，我担心这样做的后果。鉴于中篇小说获得了强烈的反响，我担心人们不接受对它的修改。可是我身不由己。查理一直在推动我。

受篇幅和时间限制，一些人物在中篇小说中仅提及了名字或简单描述。现在，我可以深入刻画他们了。

对查理工作场景的描述不再令我满意。我觉得纸盒厂——我小时候曾在那里干过活——太过乏味。我需要一个环境和氛围更加生动的场所，而且必须是我熟悉的地方。

翻看过去的笔记和文章，我发现了很久以前写的有关面包店的笔记。于是，我把查理工作的地方改成了面包店。

在长篇小说中，我采用了笔记里描述面包店的部分情景，不包括制作贝果的过程。在20世纪60年代，贝果还没有像今天这般普及。总之，作家只需根据需求采用自己搜集的素材。

除了记得的情景，我又添加了一些真实的人物。例如那个鞋缝、手和头发上到处都是面粉的跛足面包师。如此，内容一下子变得生动起来。

然而，为了使人物变得生动而采用真实的情景，也会导致一些问题。由于场景、人物以及他们感受的转换是由情感推动的，在将真实情景用于小说人物的时候，我发现自己失去了与他们的情感联系。就如同一个心形的盒式吊坠与它里面真实的东西没有关系一样。那些读过中篇小说的读者或许会问："心形的盒式吊坠是什么？"因为它只在长篇小说中出现。

在中篇小说里，查理智商的提高是我主要关注的内容。现在要深入到他的内心和他的过去，我就需要搞清楚何种经历使他产生了这样的情感。

在长篇小说中，查理记得他们为什么非要让自己转到另一所学校。他在街上捡到了一个金色的心形小盒式吊坠。盒式吊坠没有链条，所以他在上面系了一条绳。他很喜欢看小吊坠旋转的样子。情人节那天，别的男孩都在谈论给一个叫哈丽雅特的女孩送贺卡的事。这个女孩很受大家喜爱。查理没有钱，所以决定把那个心形的小盒式吊坠送给哈丽雅特。

查理用妈妈梳妆台抽屉里的衬纸和丝带包好了吊坠，请朋友海米在卡片上写下："亲爱的哈丽雅特，你是世界上最美丽的女孩。我非常喜欢你、爱你，希望你做我的爱人。你的朋友，查理·戈登。"

但查理不知道，海米并没有按照他说的写，而是写了几句脏话。海米对查理说："伙计，她会大吃一惊的，等着瞧吧。"

查理跟着哈丽雅特从学校回到家，等她进去后，将小盒子和卡片挂在门把上，按了门铃便跑开了。他非常高兴，心想哈丽雅特明天会系上盒式吊坠去学校，而且会告诉那些男孩，这个礼物是查理送的。

但是，哈丽雅特没有系上那个吊坠。就在第二天，她的两个哥哥在校园里截住了查理。

"离我妹妹远点儿，你这个混蛋。不过，反正你以后不能在这儿上学了。"

奥斯卡把查理推向格斯，后者掐住了查理的喉咙。查理吓得大哭起来。奥斯卡用拳头猛击查理的鼻子，格斯则把查理推到地上，使劲用脚踹他。然后，兄弟俩一起猛踢查理。查理的衣服破了，鼻子淌着血，还被打掉了一颗牙。等他们走后，查理坐在路边放声痛哭。他舔了舔血……

这个情景及其背后的情感来自我自己的童年经历。有一次我去看望姑妈,在回家的路上被一伙流氓围住。他们都比我年龄大,比我强壮。他们就是想知道,我去他们的地盘想干什么。可是,不等我回答,他们就开始把我推来推去,对我拳脚相加,把我打得浑身是血。多年后,我仍时常回想起那个情景,内心充满了恐惧和仇恨。

我把这段记忆和另一个情节结合在一起,用到了查理身上。

更早的时候,我大概八九岁,男孩们都喜欢一个女孩,她漂亮、腼腆,但喜欢取笑我们。

我拾到了一个心形的小盒式吊坠,于是在情人节那天把它系在了她家的门把上。我没有挨她哥哥的揍,因为她没有哥哥,但是校长第二天把我和妈妈叫到办公室,教训了我一顿。

我把挨打和盒式吊坠的事结合在一起,又加上了我回想起的一个小男孩的形象。那个男孩经常站在他父母开的商店门前,手中玩着一串用绳子系起来的纽扣和珠子,不停地甩来甩去。

我把上述情景以及一些新的情节——比如我转到另一所学校——都用到了查理身上,使他的形象鲜活起来。

然后,一件奇怪的事情发生了。

在我描述这些情景时,与这些记忆相联系的情感开始消失了。我不再能感受当时的恐惧、痛苦和尴尬。自我拿起笔的那一刻起,这些记忆和情感就与查理联系在了一起,不再属于我。

菲茨杰拉德在一篇阐释自我的文章里——大概是《一个作家的下午》——间接地提到了这一点。他描述的作家拿着一把没有子弹的枪,暗示着在奉献出自己的情感之后,他的内心最终空空如也。他的情感透支了。以自身的经历和情感塑造一个鲜活的人物,已经掏空了他。

由于有过这样的经历,我经常被这个想法困扰着。但是我告诉自己,一个作家只要仍在写作,就还有新的情感体验,他储存的记忆就会不断地得到补充。

例如,我对"沃伦州寄宿培训学校"(小说中的称谓)的访问。

在扩写过程中，我意识到，长篇小说需要增加一些中篇小说中没有的内容。天才查理的现在必须与他的过去和未来联系在一起。

在"进展报告（15）"即将结束的部分，查理对奈莫尔博士说："我有权知道与实验有关的一切，包括我自己的未来。你为我制订了什么计划？"

奈莫尔耸耸肩："你会被基金会送到沃伦州寄宿培训学校。"

查理听后十分不安，决定去那所学校看看。奈莫尔博士问他为什么要去，他答道："因为我想了解。在我尚能控制、能为自己做点儿什么的时候，我必须知道将来会发生什么……"

查理的话在纸上出现之前，我并没有这个想法。我原来的"写作计划"中也没有这一段。现在，既然小说主人公想知道自己将来的安排，那我也想知道。

我从来没有去过这类学校，据说它们目前的发展遇到了挑战，我完全不了解情况。我给几所学校写了信，说明了自己的背景和目的，请求获准访问。

我获得了准许，因而去访问了一天。事后我写道：

7月14日：今天天气不好，不是去沃伦州寄宿学校的好日子。天阴沉沉的，还下雨。大概是这个原因，我一想起这事就心情不好。

从第一行开始，长达七页的"进展报告（16）"描述了查理访问寄宿学校的经过，同时记录了我访问该校时的感受。

查理的所见所闻，都是我那天造访时的真实情景。查理见了年轻的心理主治医师温斯洛——看起来很疲惫，但显示出一股力量；充满同情心的护士——左脸上有一块紫红色的胎记；还有给聋哑学生上木工课的口吃老师——他把自己的学生称为"沉默的孩子"；最后见了慈祥的校长。

令我最感动的是，一个年龄稍长的男孩用胳膊搂着一个比自己残疾更严重的孩子。

我从查理的角度,想象着他作为病人穿过走廊时的感受,并将自己的感觉赋予了他。

进展报告(16):我仿佛看见自己站在那些男人和男孩的队伍中,等着进教室。以后我可能也会成为他们中的一员,推着坐在轮椅中的男孩、手拉着或者胳膊搂着更小的孩子。

心理主治医师温斯洛说,他不聘请精神病医生是因为:

"我可以用请精神病医生的钱聘用两名不怕困难、肯部分牺牲自己的心理工作人员。"

"'部分牺牲'是什么意思?"

他仔细打量了我一会儿,随后疲倦的脸上露出了怒容:"愿意捐钱、捐物的大有人在,但很少有人愿意投入时间和爱心。我就是这个意思。"他的声音严厉起来,指着房间另一侧放在书架上的空奶瓶:"看到那只奶瓶了吗?有多少人愿意搂着一个成年人,用奶瓶给他喂食?患者大小便失禁,又有谁愿意照顾他们?"

驾车离开寄宿学校时,我脑子里一片空白,被冰冷、阴暗的感觉包围……我可能很快就要到这里和他们一起度过余生……

我所谓的作家储存的记忆会不断得到补充,就是这个意思。我去访问、与人见面并亲身感受,然后把自己的体验用于创作的人物。现在,只有查理的声音、想法和感觉。尽管它们来自我的体验,但已不再属于我。

长篇小说的进展速度并不像我预期的那么快,我用了一年时间才完成它。不过,我给自己拟定了完稿日期,而且对小说感觉良好。

但编辑并不这么认为。

我在这里略去姓名，只想说他现在已不是编辑，而是颇有名望的文学作品代理人。

他退回了我的书稿，声称"难以接受目前的版本"。他认为长篇小说虽保持了中篇小说的优良品质，但扩写并不成功。因为它没有增加新的内容，使小说具有新的维度。

他还提出了其他一些意见：有关查理妹妹的章节以及对一些梦境的描写"令人感到不安，而且过于生硬"。对查理和教授之间的冲突着墨不足，因而使对此有所期待的读者失望。此外，他建议增加戏剧化的内容——新的感情线，例如查理和测试员伯特都爱上了金妮安。

他希望我做的就是彻底重写，将故事内容改成基于英雄与恶棍对决之上的三角恋爱。

更有甚者，他认为小说应做大幅删节。

幸运的是，我已经有了类似的经历。戈尔德曾建议，为了使其成为一部精彩的小说，我应当让查理保持智力、与金妮安结婚并幸福地生活在一起。因而，我坚定了保护自己作品的信念。

不用说，我对此深感失望。在其后的一周里，我给学生上写作课时一直心不在焉。我希望自己的作品能够发表，但不想做任何修改。我打起精神，擦干心灵伤口上的血迹，重新投入到工作之中。

唯有在查理和故事本身需要的情况下，我才会修改小说。

17 / 爱与结局

写这部分的时候，情节是单线展开的。查理的智力水平达到顶峰，继而随着情况的恶化而下降。

小说或许确实需要第二条线，即感情线。当然，相关情节必须随着第一条线展开，描述查理和金妮安之间的另一种冲突，但绝对不是三角恋！

第二条线应始于青春期的浪漫情感，描述查理的羞怯和尴尬。我不需要挖掘自己年轻时的体验，因为它们已植根于我的记忆之中。我相信，这些体验能够让初涉爱河的年轻人产生共鸣。

查理带金妮安去音乐会，心里忐忑不安：

> 我不知道她希望我怎么做。找到答案比解题或系统学习知识要难得多。我不停地告诉自己：掌心冒汗、胸口发闷，还有想用胳膊搂住她的渴望不过是生物化学反应……我该这样做吗？她期待我这样做吗？她会生气吗？我觉得自己就像个青春期的孩子，并因此而恼怒。

金妮安拒绝了查理扭扭捏捏的示爱之后，我构思了一个新的情节以表现他们之间的情感互动。

（她说道：）"但是你的感情也变了。在某种意义上，我是你真正意识到的第一个女人,事实如此。迄今为止,我都是你的老师,你向我寻求帮助和建议。你一定会认为自己爱上了我。去看看其他女人,多给自己一点时间。"

"你要说的是,男孩子都会爱上自己的老师,在感情上我仍然是个孩子?"

"你误解了我的话。不是这样,我没把你看成孩子。"

"那就是感情迟钝。"

"不是这样的。"

"那是什么?"

"查理,不要逼我。我不知道!我不知道你在说什么。几个月或者几周后,你就会是个不同的人了。在你智力成熟之后,我们大概就无法沟通了。那时候你可能就不想要我了。我得为自己着想,查理。让我们等等,耐心点儿。"

我现在发现,重新投入写作后,我把自己在小说被拒绝之后感到的失望,转移到了查理身上。查理懵懂的爱情被拒绝,情绪出现了巨大的波动。

如此一来,我对小说的感觉更好了。我没有预先构思什么三角恋爱,而是让故事自行发展。

我把向奥雷娅求婚并结婚的感情与故事结合起来。我在这个新层面继续创作的期间,奥雷娅生下了我们的第二个女儿莱斯莉·琼。

与此同时,正在洽谈购买电影版权事宜的克利夫·罗伯逊坚持要看长篇小说的手稿。我告诉他,小说尚未完成。但他从纽约的家飞往好莱坞之时,经常打电话约我到底特律机场见面,一起吃午饭或晚餐。

在一次会面中,我们谈到了他在电视剧《查理·戈登的两个世界》中的表演。我告诉他,戈尔德曾要求我修改小说的结局,说那样才能在《银河杂志》上发表。我很高兴自己拒绝了。"我经常看这个频道的节目,"我说,"但不记得有过结局如此悲惨的电视剧。电视剧的结尾和小说如此接近,你们是如何做到的?"

罗伯逊告诉我,他和编剧都希望忠实于原著。但是发行商、同仁剧院和电视频道的赞助商都认为,小说结局不适合长达一小时的电视剧。几番争议之后,他们终于达成了妥协。查理跪在阿尔吉侬在后院的墓旁,捡起了一本蓝色封皮的书——我记得是弥尔顿的《失乐园》。他已经看不懂那本书了。然而,翻了几页之后,他的脸上露出了惊讶的表情,接着是一阵兴奋。他默默地读起来,嘴唇颤抖着。这段反转的剧情说明查理的智力正在恢复。

"克利夫,我看了电视剧,"我说,"可是没有看到这一幕。"

"'美利坚的冷酷时刻'是现场直播频道,丹尼尔。查理阻止了我那么做。"

罗伯逊说,他知道自己应当根据要求表现出这个反转,暗示一个美满的结局。但是他已经进入角色了,只是面无表情地跪在地上,直至剧终。"他们都非常气愤!"他说,"你想象不到他们是怎么对我说的。他们高叫着,'你完蛋了!''你再也不会出现在电视屏幕上了!'"

然而,第二天如潮的好评以及获得"艾美奖"提名改变了这一切,并使罗伯逊决定为自己购买电影版权。他已经聘请了一位年轻作家写剧本,问我是否愿意一读。

"那当然。"我答道。电视剧能够如此结尾令我十分高兴。

罗伯逊若有所思地靠到椅背上:"不过,丹尼尔,一部完整的长电影不能采用这个悲惨的结局,因为观众无法接受。"

嗯……我想着,又是这个问题。

罗伯逊俯下身子:"不让阿尔吉侬死,怎么样? 电影结束的时候,让它躺在迷宫的角落里,我们'就当'他死了……"

我愣住了,呆坐在那里。

"然后，镜头推近，"他说，"聚焦在阿尔吉侬身上，它抬起鼻子，晃动着胡须，向迷宫跑去。结局'稍微'乐观一点……"

"罗伯逊，我不想听下去了，"我说着摘下餐巾，"我还没有完成小说。至于电影，我不能替你决定如何结尾，不用再问我了。"

四个月之后，也就是 1964 年 6 月 5 日，我收到了编辑的信。他表示不准备出版这部长篇小说，因为我没有解决他提出的问题。他建议我把版权卖给平装书出版公司，然后把预付稿酬还给他。又补充道："如果卖不掉，我们可以考虑减少你的损失，只要求你退回 650 美元。"

震惊之余，我定下神来，决定就这么办，既然编辑和出版商都希望如此。我不想出平装本，因为我为这部小说付出了太多的心血。我希望自己的第一部长篇小说出精装本，这样才能获得评论家的尊重和关注。

我仍然愿意，并且能够接受与这部小说的编辑讨论修改意见或可能性，但我决定不再为此烦恼。我要继续创作下一部小说。

就是在同一天，我收到了克利夫·罗伯逊的电报，请我将小说副本寄到西班牙阿利坎特给他，同时给在纽约的戈德曼也寄一本。

6 月 8 日我给他写了回信。

亲爱的克利夫：

来电收到。很遗憾，小说尚未完成。知悉你很着急，亦理解你对查理的关切。相信你并不想施加压力，让我寄出一部尚未完成的作品。自上次见面后，小说已有很大改动。若当时让你看了，你会发现如今的版本与之前多么不同，但是都不怎么好。

我想告知你的是，扩写这部小说的困难远超过预期。我为目前的进展感到高兴，但在编辑不再要求对它进行修改、扩写或删减之前，就不能算完成。

在双方都认为小说完成之后,我会寄给你一个副本。望你对结果满意。

我经常被问及,是否参与了电视剧的制作?我的答复是"只有一次"。罗伯逊和我继续在底特律机场会面,直至他开始拍摄电影。最后一次见面时,他带来了想让我阅读的电影剧本。电影被命名为《奇人查理》。

剧本的第一页被撕去了,因此我看不到作者的名字。

慢慢推进:随着镜头移动,手术室的场景逐渐出现,一群医生和护士围着一个正在做手术的外科医生。护士轻轻擦去医生额头上的汗水。特写镜头,手术。手术结束前几秒钟,镜头推近。

于是我们看到:患者是一只小白鼠。

有趣,我心想,翻看起来。

剧本写得很好,既能充分表达小说内容,又很巧妙。但我不明白为什么编剧要将爱丽丝·金妮安的名字改成黛安娜·金妮安,并更改了查理名字的拼写(由 Charlie 改成了 Charley)。此外,为什么用那么长时间去展现纸盒厂老板多内甘寻找柠檬糖球的情节。那只是件小事。

整个剧本长达 133 页,但编剧在将近一半的地方才开始描述查理的手术。从中间开始!实在令我费解。而且,我认为编剧是在照搬原著,且过于拘泥,未能以戏剧方式表现小说精神层面的内容。他让查理在智力衰退后又做了第二次手术,再次燃起了希望,随后希望再次破灭。用这个方式,他改变了故事跌宕起伏的结构,制造了两个高潮。

看到这里,我想起罗伯逊曾经说过,不希望电影的结局过于悲惨:"不让阿尔吉侬死,怎么样?电影结束的时候,让它躺在迷宫的角落里。然后,镜头推近,它抬起鼻子,晃动着胡须,向迷宫跑去……"

看到最后三页,我开始不安起来。果然不出所料!

查理捧着活过来的阿尔吉侬——浑身冰凉、显得很疲倦，抬起手将它贴近自己的脸颊。然后是查理和阿尔吉侬脸贴着脸的特写镜头。查理的脸上露出微笑，热泪盈眶。画面消失，响起了背景音乐"查理主题曲"……

好莱坞万岁！

我告诉罗伯逊，我不想对剧本加以评论。他拿回剧本，什么也没有说。

多年以后，我在写小说之余想尝试写剧本的时候，买了一本新出版的《编剧》，作者是我十分景仰的作家戈德曼。

威廉·戈德曼不仅创作了包括《男孩女孩在一起》《公主新娘》《霹雳钻》等12部小说，还创作了包括《假面舞会》《哈珀》《虎豹小霸王》《总统班底》《霹雳钻》《遥远的桥》等11部电影剧本。

我打开《编剧》，在目录里看到了"查理和假面舞会"。

怎么回事？

作者在这一章的开头写道：是克利夫·罗伯逊在1963年底将自己带进了电影圈。在完成第三部小说后，他开始创作第四部，但发现自己无法继续。就在这个时候，他遇到了罗伯逊。罗伯逊自己选了一部小说，名字叫《献给阿尔吉侬的花束》，问他是否愿意一读。如果喜欢，是否愿意根据小说编写电影剧本。

尽管从未写过电影剧本，他还是同意了。罗伯逊刚走，他就迫不及待地读起来。他将这部小说称为"一部异常精彩的作品"。

意识到自己根本不明白电影剧本是什么样子的，戈德曼在凌晨两点钟冲到一家昼夜营业的书店，买了一本标题包括"电影剧本写作"的书。

戈德曼描述了他如何在西班牙阿利坎特与罗伯逊会面，又如何回到纽约继续创作剧本。把完成的剧本交给罗伯逊后，他才知道自己的剧本不会被采用，因为斯特林·西利芬特也在写。

戈德曼感到震惊和痛苦，因为他从未被如此对待过！罗伯逊甚至没有解释，他的第一稿究竟有什么问题。"如果一定要我推测，"他补充道，"我只能认为，是我写得太糟糕了。"

我想起罗伯逊从西班牙阿利坎特发来电报，请我将小说副本寄给纽约一个叫戈德曼的人。我想起剧本是这样结束的：查理捧着阿尔吉侬，将它贴近自己的脸颊。当他们一起离开的时候，查理微笑着，眼中充满了泪水——千篇一律的美好结局！

这时候我意识到，好莱坞最棒的编剧威廉·戈德曼的第一部电影剧本被枪毙，我至少要负部分责任。

对不起，戈德曼。

18 / 我们找到了归宿

我仍然陷于小说再度被编辑拒绝的痛苦之中，将书稿放置一旁，直至我信任的一位同事要求拜读。几天后，他告诉我，他认为编辑的意见完全不对。"小说非常好，"他说，"但是缺少一点儿东西。"

我对这种模棱两可的评论不以为然，听的时候大概张大了嘴，或者愚蠢地眨着眼睛。我不知道说什么好。我从椅子上站起来，喃喃自语道："是吗，我想不到缺了什么，现在增加也晚了。"

回到办公室，我把刚才的情景回想了一遍。我的同事并没有建议我根据市场需要，或者像编辑建议的那样根据读者的希望进行修改。那天晚上躺在床上，我思考着他说的话："但是缺少一点儿东西。"他的意思是，应补充小说本身需要的东西。我是否忽略了什么？到底是什么？

第二天早晨醒来，我脑海中浮现出一句话：查理的精神线……

我反复思索着，这条精神线在哪里？

突然，线索变得清晰了。故事最初是沿着查理的智力线——智能或者智商（I.Q.）——展开的。后来，随着查理陷入恋爱，我又增加了感情线——现在有时也被称为情商（E.Q.）。缺少的正是查理需要的第三条线，一直达到精神的高峰。将来，这可能会被称为精神商（S.Q.）。

我需要沿着这条神秘的第三条线——查理的精神——写下去。

我立即动手。如此大动干戈地修改和重写，我一定是疯了。这时候，我想起了舍伍德·安德森[1]回忆录中的一段话："若非必须创作或者重写，

---

[1] 舍伍德·安德森（Sherwood Anderson，1876—1941）：美国作家，代表作有《饶舌的麦克弗逊的儿子》《小城畸人》《穷白人》等。

我很少写小说，不论是长篇还是短篇。有些短篇小说我用了十年甚至十二年才完成。"

我创作《献给阿尔吉侬的花束》亦是如此。1964年夏天，同事纷纷去欧洲旅行时，我留在底特律继续发掘查理的精神线。我认为在他意识到未来会发生什么，当他知道自己会失去所有的一切之后，这条线一定会出现。

于是，我写道：

10月4日：这是我做过的最奇怪的治疗。斯特劳斯博士很不高兴。他也没想到会是这样。

今天发生的事——我不敢把它叫记忆——是一种心理体验或幻觉。我不想说明或解释，只是原样记录下来……

我描述的是自己做精神分析时的情景，但情节和想法却是查理的。他是为了我而存在的。于我而言，这种精神体验就是他的。

我看到墙上和天花板上蓝白色的光逐渐缩成了一个闪闪发光的球，悬挂在半空。光……射进我的眼睛……然后是大脑……房间里所有的东西都发着光……我感觉自己在飘起来……或者说在扩大、膨胀……但是，不用向下看，我知道自己仍然躺在床上。

是幻觉？

"查理，你没事儿吧？"

还是神秘主义者描述的情景？

我不能理他。就这么等着，不管它是什么也要让它把光充入我的身体，然后把我吸进去。

查理觉得自己和宇宙融合在了一起。

不断膨胀，冲向太阳。现在，我漂浮在寂静的海面上，不断地膨胀着……然后我意识到，我就要冲破存在的硬壳，像飞鱼般从大海中一跃而起。我感到下面有什么东西在拉我……

我敞开胸怀等待着，不论它意味着什么，我都会积极接受。查理不想刺破这层心灵幕布，也不想知道它背后是什么。

他是害怕见上帝吗？

或者什么也看不到。

随着查理颠倒，向下，退缩成自己，他看到了曼陀罗——很多花瓣——旋转着漂浮在无意识的入口附近。

治疗结束后，斯特劳斯博士说："今天就到这儿吧。"

"不仅是今天。我不想再治疗了。我再也不想见到这些了。"

查理向外走时想道：现在，从火焰后面的阴暗角落里传来了柏拉图嘲笑我的声音："洞穴里的人说，他在上下沉浮，但是什么也看不到……"

这一幕不是我构思的，只是让它自行发展，并将自己的经历用到小说人物身上，包括不再去做精神分析。故事情节的发展远远超过了所谓的精神线，因而有了查理的那一段宇宙体验。

另外两家出版社拒绝了我修改过的长篇小说。其中一家在1964年的最后一天回复我说："写这类小说相当困难，是极大的挑战……不认为作者能够驾驭。创作一部好小说——合乎逻辑的人物、不可避免的过程——事实上需要高超的写作能力……很遗憾，作者并不具备。"

1965年3月，我收到了另一家出版社编辑的回绝信：

非常抱歉，之所以拖了这么长时间才回复，是因为丹尼尔·凯斯的《献给阿尔吉侬的花束》令我十分感动，需要时间思考……让这部小说擦肩而过，我不知道是不是个正确的选择。我非常希望拜读凯斯先生的其他作品，倘若尚未与出版方签约。

听到他这么说，我很高兴。然而，屡屡遭拒令我的心情愈加沉重，击碎了我的自我、决心和希望。

我与韦恩州立大学签订的四年聘用合同明年春天就要到期了。届时如果仍未有著作出版，我就必须去读一个博士学位，以此获得在大学教书的资格。

在高等院校，有著作出版通常可被视为与博士学位同等的资历，意味着有资格讲授写作课。因此于我而言，能否发表小说就成了一个"发表还是消失"的问题。

作品多次被拒绝之后，我不知道自己是否还能继续写作。

用三年时间将一部中篇小说扩展成长篇小说的努力似乎都付之东流了。我现在甚至怀疑，它最终是否能够发表？艾米莉·狄金森写诗是为了"锁在盒子里"，尽管我的情况并非与她相同，但我觉得"这束花"终究会凋零。没有人能够看到。

"好吧，"我对自己说，"随它去吧，反正我已经完成了。"

然而，在我去韦恩州立大学办公室的路上，一件意想不到的事发生了。由于睡眠不足和情绪低落，快走到楼前的时候，我突然浑身直冒冷汗，血涌上头部。我急忙靠在路灯旁稳住自己。是心脏病发作，还是中风？我要死了。这就是结局……我的结局……小说的结局……

昏倒之前我想到的最后一件事，很惭愧，不是我的妻子和女儿，也不是自己的生命。

我大声喊道："感谢上帝，我完成了这部小说！"

我走到附近的一家小餐馆。几位好心人将我抬进去的时候，我已经昏迷了。想起我最后喊的那句话——我以为是自己的遗言，我明白了什么才是自己生命中最重要的事。不是发表著作，不是荣誉，也不是财富或家庭，而是完成开始创作的作品。

即使没有人看，我也完成了！

那一刻我认识到，不论发生了什么，我都会写作。而且，只要还活着，我就会不断地写下去。我不记得那天在课堂上讲了什么，但知道自己的心态是平和的。在认为死之将近的时候，我认识了自己，并意识到如今可以自称为小说家了！

一个月后，我得到了一个消息：哈考特公司的丹·威肯登今天打来电话说，他们准备买《献给阿尔吉侬的花束》。

我一直不相信，但之后我收到了威肯登的信。"我代表哈考特、布雷斯与世界出版公司（Harcourt, Brace & World, Inc.）正式向您表示欢迎。能成为这部精彩、感人的原创小说的编辑，我感到非常荣幸。"

从失望到惊喜，从低谷到巅峰，从泪水到笑声，这是大部分奋力拼搏的作家都曾有过的经历。如此迅速的转换令人头晕目眩，我真害怕这是一场梦，会随着清晨的曙光而消失。

这不是一场梦。

根据合同，我应于1965年9月1日提交小说的最终修订稿。

修订？

当然，我不在意修改，只要……

威肯登要求删节："手术之前和随后的几篇进展报告显得多余，拼写和语法错误多，而且……手术结果已经清楚地说明了……若将38页压缩至28页，效果或许更好。"

压缩10页？没有问题。

他还提出了另一个修改建议："你认为把查理访问沃伦州寄宿学校的那一段，放在他知道自己将在那里度过余生之前合适吗？我认为最好把访问沃伦州寄宿学校的片段放在第236页，也就是查理提出去学校访问

121

之后。"

翻看原稿，我愣住了。

威肯登建议我移至的地方，正是这一段原来的位置。不记得出于什么原因，我将其移到了现在的位置。这位编辑的眼光着实令我佩服。能够敏锐地注意到这一点，我认为是因为他本身也是一位小说家。

"请注意，"他补充道，"这些仅仅是建议，如果认为不妥，您不必修改。这是您的作品，我们不希望您做任何有违初衷的改动。"

阿尔吉侬、查理和我终于有了归宿。

第五章
作品发表后的感伤
Post-Publication Blues

19 /"不要遮掩你的锋芒"

我以为这下一切都好了,书稿被出版社接受就是到达迷宫终点的奖励,我可以尽情享受胜利的喜悦。然而,我再次错了。一个作家要面对很多错误的转折和末路。在短暂的欣喜之后,接踵而至的是长达几个月的失望。

取消与第一家出版社的合同,我需要退回 650 美元预付稿酬。而且我刚刚得知,书稿被编辑接受并获得法律承认之后,我才能得到哈考特、布雷斯与世界出版公司的预付金。这就意味着,律师需要审核这部小说是否受到指控、是否侵权,以及是否有印刷方面的法律问题。如果他们无法出版这部小说,我同样要退回预付金。

还有其他很多事要做。宣传部门需要我的简介,以及一份了解我的知名作家的名单。出版公司要请这些作家阅读样书,然后说一些赞美之词,以便用于小说的宣传和介绍。这种事一向令我尴尬,现在也是如此。

他们还让我提供"舆论制造者"或相识的知名人士的名单,准备请这些人口头传播重要的信息。后来,一位观察家在评论这部小说时说"作者的口碑极好"。

我只认识韦恩州立大学新闻系的一位同事,他为《底特律新闻》撰写书评。我去和他谈了。他说,如果编辑寄来样书,他一定为我撰写书评。

好吧,这是一个开始。

接下来该做什么?我必须看长条校样,这是拼版前的最后一次修改机会。这部小说做过太多修改,我必须为此付出代价。我希望自己的作品尽

125

可能少出错误。

与此同时，我听说注明"未经修改"字样的校样还送给了几个影响极大的报刊，包括《弗吉尼亚柯克斯公报》（*Virginia Kirkus Bulletin*）、《图书馆杂志》（*Library Journal*）、《出版人周刊》（*Publishers' Weekly*）。因为要在出版前发表评论，所以他们需要提前三个月看到小说。这些报刊的评论除了会对图书馆、独立书店和主要图书销售网点产生影响外，也可能对报纸和杂志的评论员产生影响。通常，评论员的文章在作品正式发行、书店开始销售之后才会发表。因而，在小说出版前发表的评论是人们最先听到的声音，也为随后发表的评论定了基调。

大概在出版前的两个月，我第一次感觉在什么地方出了问题。那位新闻系的同事在走廊里拦住我说："丹尼尔，你的出版商把小说校样发给了我，但是我还没有看。我觉得由我给你写评论不太合适，因为我是你的同事。我已经把校样转给了我的朋友菲尔·托马斯。他在美联社工作，也是短篇小说作家。他已经同意看了。"

我向他表示了感谢。但走回办公室的时候，我却心情沉重，感觉有什么事情不对劲。是什么让他改变了主意？于是，我去图书馆杂志陈列室，向管理员要了最近一期的《弗吉尼亚柯克斯公报》。她递给我一份1966年1月1日最新出版的公报，只见上面写道：

《献给阿尔吉侬的花束》

同名中篇小说在科幻小说爱好者心目中，不但精彩、令人印象深刻，而且是一部不忍释卷的经典。然而不幸的是，我们遗憾地发现它变成了一部长篇小说，而且还准备拍成电影。尽管故事仍然独特……但通篇充斥着一个弗洛伊德式精神错乱者的喃喃自语……我们在好莱坞拍摄的电影中又会看到什么？原本美好的故事被糟蹋成……

我冲进洗手间，呕吐起来。那一天，我漫无目的地走着，心情从来没有如此沮丧过。我现在明白了，为什么同事不愿意为我写书评。他显然是看到了《弗吉尼亚柯克斯公报》的评论——第一篇评论。而这篇评论的观点正是我从一开始就担心的。我竟然胆敢修改一部经典？耗尽六年心血将一部中篇小说改写成长篇，我得到的评语却是"糟蹋"！

我记得那绝望的时刻，不仅在头脑中，而且在内心深处。至今，我依然能够感受到。随它去吧，不想这些了。

三个星期之后，我才能看到在小说出版前发表的第二篇评论。《出版人周刊》的书评写道："长篇小说《献给阿尔吉侬的花束》是一部震撼人心的原创小说……"

《图书馆杂志》对我的小说亦赞赏有加："这部引人入胜的小说充满了创意，在未来相当长时间内将广受欢迎……建议同时购买这两部小说。"

《纽约时报》在星期三的"读书时间"栏目中，用整版篇幅发表了艾略特·弗里蒙特-史密斯（Eliot Fremont-Smith）——一位令人尊敬的文学评论家——撰写的书评：

信息和迷宫

墓前的鲜花是献给小白鼠阿尔吉侬的。这解释了这部小说的神秘主题，但没有揭示丹尼尔·凯斯想要探索的问题……（它）是一个写作技巧的迷宫，到处是小说作者必须应对的令人厌烦的挑战。

能够创作这样一部小说，足以证明凯斯先生写作技巧之高超。而且小说情节异常精彩……是一个令人折服、充满悬念的感人故事……虽着力不深，却足以……展现作者高超的写作技巧……凯斯先生像阿尔吉侬和查理一样成功地走出了迷宫，至少毫不逊色。这本身就令人兴奋不已……感人至深……否则何以解释小说结束时读者眼中饱含的泪水？

我感到一阵晕眩。我把这篇评论读了一遍又一遍，泪水夺眶而出。时至今日，每当想起它，我都禁不住哽咽。

艾略特·弗里蒙特-史密斯先生，无论您在哪里，我都要向您表示感谢。

之后的数百篇书评都对小说做了正面的评价。唯独发表在《弗吉尼亚柯克斯公报》的第一篇评论是负面的。然而，为什么我至今仍感到难过？我想忘掉小说诞生最初的痛苦。

但是，我没有糟蹋自己的小说！

现在，写出这段经历或许能够令我释怀，至少减轻我内心的痛苦。

当然，我当时应该更好地认清这个事实，而不是受其困扰。我现在对这件事有了更深入的理解，但不是在情感上。我经常与学生分享屠格涅夫有关"公众的认可与奖赏"的看法：

> 诗人，不在意热烈的掌声。夸张的赞美之词、愚蠢的评判和冷酷的笑声，都会瞬息即逝。但是你坚定地站在那里，平静而无所畏惧。
>
> 孤独地生活，就如同一个国王；追随着自由精神，你毫无羁绊完善思想的果实，永无休止；行为高尚，寻求的却并非奖赏。
>
> 作品本身，就是你的奖赏；而你自己，正是最权威的评判者。唯独你，能够决定它的价值，没有人会比你更加严肃认真。
>
> 你是否已然满足？若如此，你就能够无视那些人的指责。

说起来容易，做起来难。我似乎感觉到了隐藏在屠格涅夫这段话背后的痛苦和失望。我猜想他的作品一定得到过一些糟糕的评论。

在《纽约时报》发表评论的当天，克利夫·罗伯逊打来了电话。他刚为"莫夫·格里芬秀"录制了一期节目，介绍了这部小说，并宣布根据小说拍摄的电影即将上映。

罗伯逊录制的这期节目三个星期后在底特律播出。巧合的是，《底特律新闻》那天正好发表了一篇对小说充满赞誉之词的评论。评论的作者是我同事的朋友菲尔·托马斯。他是这样开头的:"查理·戈登会令你心碎。"

一个作家能获得这样的认可,夫复何求?

但有一件事除外。

尽管内心骄傲,我还是跑到底特律市中心的赫德森百货商店去查看。在图书区,我尽量装作漫不经心的样子,在书架上寻找着《献给阿尔吉侬的花束》。

一本也没有。

我向一位图书采购人介绍了自己。他似乎很惊讶,说销售员并未提起过这本书。他说想订几本,但是宣传期已过,现在来不及了。

朋友和同事也打来电话,说根本买不到书。于是,我开始给各个书店打电话。结果再次让我感到沮丧。除了费舍尔大厦里的双日书店卖出了三本库存书,其他书店一本书都没有进过。书店经营者为此非常气愤,因为"本地"作家出了书,他们竟然没有得到任何信息!

我向编辑抱怨:"书店根本没有书卖,书评和宣传有什么用?"

我永远不会忘记丹·威肯登(Dan Wickenden)对这件事的反应,希望作家同仁接受这个教训。

"丹尼尔,你难道没有联系底特律的书店,告知他们这本书的情况?"

"是的,"我说,"我有点害羞,而且我觉得这不是我的工作领域。"

"丹尼尔,不要遮掩你的锋芒。"

我不得不承认,事实确实如此。此后,我不论旅行到哪里,都会去见图书销售人员。如果他们有我的书,我就会询问是否想要我的亲笔签名。他们通常都想要。得到我的签名后,他们就会在书的封面上贴张纸条,上面写着"作者亲笔签名"。这对销售极有好处,所以他们不会把签过名的书退回给出版商。历练使我们变得更加勇敢。

20 / 作家什么时候会像圣人

1966年春天,受到小说出版的鼓舞,我开始寻求助理教授的职位。我向全国各地的大学发了求职信。这次我接到了三个要求面试的答复,其中一个来自坐落在俄亥俄州雅典市的俄亥俄大学,看起来很不错。

我去见了该校英语系的主任埃德加·惠恩(Edgar Whan)。他对我说:"我读过《献给阿尔吉侬的花束》,这是部好小说。我们可以在创意写作课程中为你提供一个讲师职位,就像其他人一样。这样英语系就能聘用你,支付你教授而不是助教的薪酬。你几天后就能收到正式通知,不过我现在就想让你知道。"

"非常感谢!"

"你知道,"他接着说,"我一直认为,创意写作课应当由专业作家讲授,而不是美学家或评论家。但我发现大多数英语系对待作家的态度,就如同教会对待圣人一样。"

"为什么?"

"它们更愿意在作家死后才接受他们。"

我接受了这个职位。

1966年夏天,奥雷娅和我,还有我们的女儿希拉里和莱斯莉一起搬到了俄亥俄州雅典市。我将在秋季开始授课。

到达后的第二天,我就接到了沃尔特·特维斯(Walter Tevis)——《江湖浪子》(*The Hustler*)的作者——的电话。他表示欢迎我来到雅典市。他是在前一年受聘讲授写作课程的。

130

我们在市中心的一家餐馆见了面，彼此分享了写作和生活体验。特维斯说，虽然出生在肯塔基，但他一直梦想到纽约从事写作，因为那里是文学中心。他谈到自己卖给用铜版纸印刷"华而不实的"杂志的短篇小说，还有我那些用粗糙纸张印刷的小说。他还提及自己1959年由哈珀·柯林斯出版集团出版的小说《江湖浪子》，以及根据小说拍摄的电影。这部电影由保罗·纽曼和杰基·格利森主演，获得了极大的成功。

然而，谈到自己的第二部小说《天外来客》被哈珀·柯林斯拒绝，最后只能出平装本的时候，他的声音变得苦涩起来。他说，自那时起，他就遇到了作家的瓶颈期，他没有写过任何作品，尽管后来根据小说改编、由大卫·鲍威主演的科幻电影获得了极高的评价。

特维斯告诉我，讲授这个课程的其他作家都去过暑假了，几周后我才能见到他们——诗人霍利斯·萨默斯（Hollis Summers）、小说家杰克·马修斯（Jack Matthews）和非虚构类图书作家诺曼·施密特（Norman Schmidt）。

"诺曼没有孩子，"他说，"他用詹姆斯·诺曼的笔名发表了几部作品。20世纪30年代，他为几家美国报纸撰稿，还为西班牙共和党政府做过新闻播报员。在西班牙内战时期，他甚至结识了海明威。"

我对特维斯的热情欢迎表示了感谢。我从未和主流小说家谈论过写作和出版的事。我过去经常想象自己生活在20世纪20年代，和那些外国作家坐在蒙马特的咖啡馆里分享着彼此的文学生涯。与那个情景最接近的，便是我1966年在俄亥俄州雅典市的生活。我知道自己会享受和这些作家一起工作和写作的生活。

那天晚上，我和女儿们一起玩耍的时候，禁不住吹起了口哨《圣徒前行》（"When the Saints Go Marching In"）。

21 / 查理奔赴好莱坞

《献给阿尔吉侬的花束》首印的五千册书在几天内售罄,于是出版社立即加印了一千册,随后又不断加印。1966年迄今,这部小说的精装本一直在加印,而且被纳入"现代经典丛书"中再版。

经美国科幻小说家协会投票,《献给阿尔吉侬的花束》获得了"星云奖"和"1966年最佳小说"称号,班塔姆出版公司(Bantam Books)买下了更具市场的平装书再版权。

与此同时,我提交了两份住宿资助申请,准备在接下来的夏天继续创作那部有关辐射的小说。两份申请都获得了批准。于是,我先在纽约东部萨拉托加斯普林斯的"作家庄园椰多"住了两个月,然后又到新罕布什尔州彼得伯勒的"麦克道尔文艺营"住了一个月。

刚到椰多的第二或者第三个早晨,一位即将发表作品的年轻作家来和我共进早餐。他看起来很烦恼。我听见他对着咖啡喃喃自语,但直至他说第三遍时才听清楚。

"《弗吉尼亚柯克斯公报》说我的小说'粗制滥造'……"

想起当年自己对柯克斯评论的反应,我对他说:"不用理会。别让它破坏了你的心情。"

他根本没有听见我说的话,只是一遍又一遍地重复着"说我的小说'粗制滥造'"。

这位年轻作家就是罗伯特·斯通(Robert Stone),他的第一部小说《镜厅》被改编为电影《野性呼声》,由保罗·纽曼和乔安娜·伍德沃德主演。之后，斯通凭借 1975 年创作的小说《亡命之徒》获得了国家图书奖，并在 1982 和 1992 年入围。1998 年，他凭借《大马士革之门》再次入围。每当我听到他的作品受到赞扬时，总会想起他为自己第一本书发出的悲伤的呼喊。

我在椰多继续创作自己的第二部小说——描写一对年轻夫妇受到辐射的伤害。那年夏天，我在"麦克道尔文艺营"完成了小说。哈考特与布雷斯出版公司买下了版权，并准备以《触摸》为名，在第二年出版这部作品。

克利夫·罗伯逊的电影拍得怎么样了？很多著名作家都抱怨自己的作品被电影毁了。人们普遍认为，作家在合同签订之后最不愿意去的地方就是好莱坞。为了避免伤心，唯一的办法就是"拿上钱，赶紧走"。

然而，我无法这样对待阿尔吉侬和查理。我非常关心他们会在电影屏幕上发生什么，而且好奇罗伯逊如何让电影结尾。否决了威廉·戈德曼创作的剧本之后，我已有一年没从罗伯逊那里听到任何消息了。

班塔姆出版《献给阿尔吉侬的花束》的平装版后不久，罗伯逊接受了航空计划项目的邀请，到俄亥俄大学访问。他开着自己的小飞机降落在阿森斯市机场。他打开舱门走下飞机时，所有相机都对准了他。看到我，他微笑着说："丹尼尔，看到《查理》，你会为我感到骄傲的。我们保留了小说悲惨的结局。"

我想起他原来的计划是：剧终时，阿尔吉侬晃动着胡须向迷宫跑去，这表示它仍然活着。但是，我什么也没有说。

当然，罗伯逊的到访为摄影爱好者提供了一个大好时机，《雅典信使报》(*Athens Messenger*) 和俄亥俄大学学生办的《邮报》(*The Post*) 登满了他的相片和采访报道。生物系提供了一只小白鼠作为道具，让大家拍摄罗伯逊手捧"阿尔吉侬"的照片。我让他们看了与电影配套的平装书的封

133

面,上面有罗伯逊和克莱尔·布卢姆(Claire Bloom)的照片。

第二天早晨,我到罗伯逊住的宾馆与他共进早餐。他颇为骄傲地谈起这部电影,说自己作为共同出品人,对电影拍摄具有很大的发言权。他请导演拉尔夫·纳尔逊(Ralph Nelson)去加拿大参加1967年的世界博览会,学习新的电影技术,并坚持在拍摄时采用分屏投影和多图像的现代技术。电影音乐由拉维·申卡尔(Ravi Shankar)创作,并用他独特的西塔琴演奏。此外,还兼用了异国和传统的弦乐,以及古代和现代的木管乐器。

令罗伯逊烦恼的只有一件事。正如多年前在底特律机场和我谈起的,他从未想过让阿尔吉侬在剧终时死去。然而在电影里,当查理将阿尔吉侬捧在手中的时候,它看起来已经死了。罗伯逊说,在电影公映前,他曾给当时在伦敦的导演拉尔夫·纳尔逊打过电话,让他给查理捧着小白鼠任何一只手拍一个特写镜头,手中的小白鼠晃动着胡须。这样他们就可以在最后编辑的时候将这个镜头插进去。

"可是你昨天说电影维持了悲惨的结局。"

罗伯逊耸着肩膀说:"拉尔夫根本没有拍那个镜头。"

《查理》被选为1968年柏林国际电影节的美国参选电影,并于当年秋天在纽约首映。我站在男爵剧院对面的街上,望着聚集在街角的电影观众。

深深地吸了一口百老汇的空气,我穿过马路排进买票的队伍。剧院的灯光暗下来,我便听到拉维·申卡尔演奏的西塔琴的琴声,看到孩子般的查理在操场上荡秋千。于是,我迷失在我的"如果这样,会发生什么?"电影之中。

令我失望的是,他们把故事发生的地点从纽约改成了波士顿,但纽约正是我把自己的记忆赋予查理的地方。

电影《查理》好评如潮。《长岛新闻》(*The Long Island Press*)的评论员称它为一部"充满活力"的电影,其"令人心寒的结局使故事达到了高潮"。

　　小说的悲惨结局完好地体现在了电影之中，全世界的人都能看到我描述的故事原貌。

　　这部电影获得的第一个奖项来自《学术杂志》(Scholastic Magazine)。该杂志1961至1967年曾多次刊登中篇小说《献给阿尔吉侬的花束》，1968年授予《查理》"钟铃奖"和"年度最佳电影奖"。

　　班塔姆出版公司启动了一个"献给阿尔吉侬的花束–查理–班塔姆图书/全景电影联合推广"试点项目，大概是有工作人员意识到了将这部小说用于教学的潜力。该项目计划在电影即将上映的主要城市为教育工作者组织一系列点映活动。

　　在芝加哥首映时，450位教师都得到了一套资料，其中包括一本平装版小说、一本教学指南和一本访谈录——制片人兼导演拉尔夫·纳尔逊和编剧斯特林·西利芬特有关创作与合作的讨论。

　　克利夫·罗伯逊亮相的时候，狂热的观众站起来热烈鼓掌欢迎。放映结束后，罗伯逊还主持了一场研讨会。第二天在密尔沃基为全国英语教师协会举办的专场放映会后，同样有一场研讨会。

　　在已经开始放映《查理》的纽约和洛杉矶，教师们也应邀去观赏电影。虽然纽约的教师当时正在罢工，但仍有500多位私立学校和教区学校的教师观看了电影，并拿到了那套资料。

　　"班塔姆图书/全景电影"项目在全国的其他重要城市也开展了电影点映活动，两万五千多名教师和家属观看了电影并获赠了小说。图书销售总监写信通知我近况："人们的兴趣和积极性正在日益增长。"

　　在好莱坞，人们都在议论克利夫·罗伯逊将获得奥斯卡最佳男主角奖提名。

　　他确实被提名并赢得了这个奖项。

　　与大多数作品被拍成电影的作家一样，我经常被问及这样的问题：

"你认为电影拍得如何?"这是一个令人尴尬的问题,如果回答不好,很容易显得自己心胸狭窄或忘恩负义。后来,一位大学研究生写信询问我对小说电影版的看法,因为他正在写题为"文学作品的影视改编"的论文。

我回复说,我理解将小说改编成电影需要做些改动,其中一些改动通过增加或深化细节,使得作品更加精彩。例如,在成长过程中,查理有一段时期情绪非常低落。小说的表现方式是描写他到时代广场看电影,这像我经常做的那样;而在电影中,被改成了查理在波士顿玩"碰碰车"。这个改动使得效果更加直观,既充分体现了他的沮丧情绪,又没有失去或损害原著的意义。

另外天才查理将自己视为过去的查理这一场景,在电影中通过他在噩梦中穿过由旅店走廊构成的迷宫来体现,这处改编不但富有想象力,而且把握到位。电影增加的这个场景,生动地描述了查理如何发现过去的查理仍然存活在自己的身体里。

但是,我认为电影增加的某些内容、特效和场景也并非必要,而且有损原作。例如,在描写查理和金妮安恋爱时,电影采用了他们在树林里追逐的慢镜头。这些镜头看起来就像洗发水或除臭剂的电视广告。

在描写查理开始关注金妮安的那一幕中,查理变成了一个身穿黑色皮夹克、骑着摩托车的毒瘾青年。这与查理的性格完全不符。我在小说中要表达的意思是,查理的性格并没有因为智力增强而改变。他仍然是查理。

这些改动显然是出于商业考虑,那些时髦的电影技术亦是如此,比如变焦镜头、画面分割和多屏。一位评论者指出,这些技术可能会吸引观众对那些不太引人注目的情节的兴趣,但《查理》并不需要。

《生活》杂志写道:"最好的一些镜头,例如查理和小白鼠比赛穿过迷宫,是直接根据小说拍摄的;而最糟糕的镜头,查理责骂医生,则是电影自行添加的。"

我认为电影为了避免小说的悲惨结局,从查理意识到自己以后会变成什么样子，突然跳转到在校园里秋千上的冰冷结尾，令其失色不少。罗伯逊曾警告过我，观众难以接受查理智力急剧衰退的悲惨结局。但是我认为，无论是中篇或长篇小说——这正是感人之处。查理令人痛惜的智力衰退应当被交代。

我并不坚持电影必须照搬原著，但认为所做的改动必须保持小说的完整性，而不仅是根据商业需求。

至于克利夫·罗伯逊塑造的查理，我觉得获得奥斯卡当之无愧。

但必须承认，我很庆幸导演拉尔夫·纳尔逊在伦敦没有找到那只能够晃动胡须的小白鼠。

22 / 百老汇的反响

电影公映七年后,我收到了大卫·罗杰斯(David Rogers)的来信,他曾经将《献给阿尔吉侬的花束》编写为非专业版舞台剧。罗杰斯告诉我,他和一个作曲家想把舞台剧改编成一个一流音乐剧。我对他的想法非常感兴趣,因为音乐剧是这部小说唯一没有尝试过的表现形式。

罗杰斯把这个想法告诉了查尔斯·斯特劳斯(Charles Strouse)。查尔斯是备受欢迎的音乐剧《再会小鸟》《金色男孩》《掌声》的作曲者,他的最新作品《安妮》也即将公演。他跃跃欲试地想为音乐剧《献给阿尔吉侬的花束》谱曲。

非专业版舞台剧已经在全国的中学和剧社演出了七年,非常成功,所以戏剧出版公司准备资助音乐剧的创作,并计划于1977年底或1978年初公演。

我提醒他们,在给他们授权之前,我必须先征得克利夫·罗伯逊的同意,因为他有"优先购买权"。可是,他们想当然地认为,既然罗伯逊不会对音乐剧感兴趣,就应该不成问题。

然而,他们错了。

在收到"优先购买"通知之后,罗伯逊对我是否有权授权提出了质疑。在此后的三年里,这个争议被提交到洛杉矶法院仲裁。

与此同时,在成百上千封《献给阿尔吉侬的花束》的读者来信中,有一封让我看到了自己接下来两部小说的新思路。这封信来自一名心理医生。

她告诉我，她和同事们正在研究"自见幻觉"——现在亦被称为"脱离身体的体验"——在文学作品中的体现。他们发现这种状况在小说《献给阿尔吉侬的花束》中经常出现。

我知道她指的是什么，但不记得这种状况"经常"出现。然而，在重读小说之后，我惊讶地发现确实如此。

查理变成天才后，经常"看到"其他的查理。他和金妮安到中央公园听音乐，当他用胳膊搂住她的时候，觉得有个男孩正在看着他们。

* * *

在送她回公寓的路上，我一直觉得有个男孩蹲在黑暗的地方，有那么一瞬间，我望见了他看到的东西——我们相互搂着躺在一起。（班塔姆平装版，第71页）

* * *

不知道为什么，喝醉了以后，把过去的查理·戈登深藏在心里的意识障碍一下子就被冲破了。正像我一直怀疑的那样，他并没有真正离开。藏在心里的事情是永远不会真正消失的。手术使他变得像个受过教育的文化人，但是他的情感没有变，仍然在那里观望、等待着。（第136页）

* * *

我忍不住想，他不是我。我占据了他的地方，把他锁起来了，就像他们把我锁在面包房里一样。（第140页）

* * *

有那么一会儿，我很害怕，觉得他在看着我。从沙发扶手望过去，我瞥见他躲在窗户后面的黑暗处盯着我的脸——几分钟之前我就蹲在那儿。可是，转瞬之间，情景变了，我又跑过来坐到了火旁边，

139

看着一对男女在床上做爱。

接下来，在意志的强迫之下，我又回到床上躺在她身旁……然后，我看到那张脸贴在窗户上，渴望地看着。我对自己说，管他呢，可怜的混蛋，看吧。我不再理他。

他睁大了眼睛看着。（第 146 页）

那位心理医生在信中指出，描写"自见幻觉"的作家通常分为两类：认为这是精神障碍的一种症状，例如 E. T. A. 霍夫曼；或者仅仅把它作为文学叙述手段。她想知道我属于哪一类。我回信说，我本人并无这种经历，书中情节完全出于想象。我认为，查理的"自见幻觉"只是出于描述的需要。

这种现象在我的小说中竟然屡屡出现，引起了我的兴趣。于是，我开始研究"自见幻觉"及相关问题的文献。为了探索"身外体验"，我了解了二重身、双重身份、另一个自我、双重人格，最后是多重人格障碍——现在被称为分离性（解离性）身份识别障碍。

我还读了几篇描写双重人格的小说：爱伦·坡的《威廉·威尔逊》、陀思妥耶夫斯基的《双重人格》和康拉德的《神秘的共享者》。

当然，我也看了那两部著名的非虚构小说《三面夏娃》《人格裂变的姑娘》。我发现还没有人写过专门描绘多重人格障碍者的小说。

那位心理医生的评论——关于天才查理看到过去的查理，孕育了我描写内心冲突的第三部小说《5 个莎莉》。这封信真是我的又一个意外"收获"。

此后不久，我飞到洛杉矶去应对克利夫·罗伯逊的质疑，出席了持续两天的听证会。几周后，我收到了《仲裁决定书》：

仲裁申诉人，丹尼尔·凯斯，根据 1961 年 8 月 18 日签订合约的权利保留条款,有权授予邀约人其作品《献给阿尔吉侬的花束》的音乐剧版权。

于是,在我写《5个莎莉》的同时,我这部实验小说的主人公——查理和小白鼠,正在又唱又跳地进行音乐剧彩排。

简单介绍一下我在罗杰斯和斯特劳斯寄来的第一盒录音带中听到了什么。开幕时的童音合唱旋律非常简单:"今天我有了一个好朋友,一个能和我一同欢笑、玩耍的朋友。我有了一个好朋友。"

随着查理智力的增强,旋律开始变得复杂,演唱难度也越来越大。当全剧达到高潮时,响起了咏叹调"查理"。随后,在查理智力减退之时,旋律又逐渐变得简单,至剧终时只剩下简单的音符。"我真的很爱你……"

音乐家们用歌词和音乐表现了小说的拼写和句子结构——通过查理的话语体现智力的增强和减退。

这是一个独幕剧,没有第二幕。全剧结束时,查理悲伤地坐在后院阿尔吉侬的墓旁。

音乐剧版权仲裁的程序十分复杂,因而这部剧的公演被推迟了。与斯特劳斯共同作曲的人在去华盛顿特区办事的时候出了问题,因而斯特劳斯把查理的一个主要唱段《明天》挪用到了他的新歌剧中。

《明天》使查尔斯·斯特劳斯的新歌剧《安妮》一炮走红。

我无法去加拿大埃德蒙顿城堡剧院观看首场巡演,但是出品人向我发来了热情洋溢的通知。

后来,我在伦敦西区的皇后剧院——相当于美国的百老汇——观看了《献给阿尔吉侬的花束》的首场演出。查理的演唱和舞蹈,都由一位我未曾听说但极受欢迎的英国年轻演员担纲。

随着情绪从回忆父母的忧伤转而变得欢快,查理和小白鼠跳起了复杂的双人舞,我逐渐进入了剧情。其中一个场景是,阿尔吉侬跳到穿着黑色套头毛衣的查理身上。然后,在两盏聚光灯下,穿着软鞋的查理跳着舞,阿尔吉侬围着他来回转圈。观众席上响起了经久不衰的掌声。

在伦敦的演出非常成功,但自公演开始,这部音乐剧便处于乌云笼罩之下。开始公演时恰逢英国政府宣布征收增值税——对几乎所有产品征收高额税,伦敦市民争先恐后地抢在价格上涨之前购买冰箱、洗衣机和汽车,顾不上买票去看歌剧。

《华尔街日报》写道:"伦敦的剧院遇到了严重的财政问题……近期开征的几乎翻了一倍的国家销售税——增值税,导致票价提高,吓跑了那些新观众。伦敦西区的出品人和演员对这两部期望很高的音乐剧的停演表示震惊。《献给阿尔吉侬的花束》……只演了 29 场。"

在牛津听到停演的消息时,我们全家正驾车在英格兰旅行。于是,我们赶回伦敦参加告别宴会。宴会简陋得令人吃惊,饮料都盛在纸杯里。

几年后在纽约,我去后台化妆室看望了那位年轻演员。他告诉我,安德鲁·劳埃德·韦伯(Andrew Lloyd Webber)在伦敦看了他的演出后,就决定请他主演新歌剧。

因为歌剧《安妮》采用了查理的唱段《明天》。

于是,迈克尔·克劳福德扮演的能歌善舞的查理成了"歌剧魅影"。

《献给阿尔吉侬的花束》在百老汇大获成功。他们将剧名更改为《查理与阿尔吉侬》,并加了副标题"一部非常独特的音乐剧"。在肯尼迪中心、费舍尔剧院基金会、伊索贝尔·罗宾斯·科内茨基以及福尔格剧团的赞助下,该剧在华盛顿特区开始了巡演。

扮演查理的 P. J. 本杰明将这部剧献给他的妹妹和"这个世界上所有独特的人"。

在华盛顿演出的场次不多,但效果很好。在狭窄的露台剧院演出了几场之后,"应观众要求",演出转移到了有一千五百个座位的艾森豪威尔剧院。

梅尔·古索(Mel Gusso)在《纽约时报》发表文章评论了肯尼迪中

心推出的这部音乐剧：

> 这个看起来并不适合音乐剧的素材……却成就了一部震撼人心的作品……演唱主题曲时，一群人围在幻灭的查理身旁嘲弄着他……查理把小白鼠放在聚光灯下，然后放在舞台上。难道是眼睛欺骗了我们？小白鼠似乎在随着音乐起舞。这首激动人心的主题曲之后紧接着是"迷宫"——雅克·布雷尔标志性的旋律——表现了查理内心的迷茫。独一无二的阿尔吉侬，是一只赢得了奶酪的小白鼠。

在诸如此类的评论发表之后，演出在极高的期待之下转移到了纽约百老汇的海伦·海斯剧院。

出品人听说大卫·梅里克（David Merrick）的音乐剧《第四十二街》——根据1933年轰动一时的电影改编——将在同一天晚上公演之时，便意识到我们将会遇到麻烦。我们这个小型音乐剧，撞上了一个广告铺天盖地的盛大演出。

不过，希望犹在。正如一位专栏作家所言："《查理与阿尔吉侬》最精彩的部分是一个男人和一只小白鼠的'双人舞'……小老鼠演得活灵活现，赢得了日益强烈的反响。"

节目单还特别注明，阿尔吉侬的舞蹈是"演员自己"表演的，因为他"受过爵士舞、踢踏舞和穿越迷宫的严格训练"。尽管最受欢迎的是阿尔吉侬，但表演者希望按照字母顺序排名。

《查理与阿尔吉侬》终于在百老汇公演了。我和亲朋好友前去观看，骄傲地坐在剧院的前排。灯光暗下、幕布升起之时，响起了童声合唱……

唱段的编排复杂多样。在"迷宫"之后便是"无论何时何地"。这是一首充满哀怨的二重唱，表现了查理和金妮安之间的爱情，同时也铺垫了该剧的悲惨结局。

当查理的智力达到顶峰时，咏叹调"查理"的音调飙升至了我从未想象过的高度。听着这个唱段,我发现自己似乎在盼望编剧和导演在最后时刻改写结局。与其他观众一样,我不希望查理的智力减退,也不希望阿尔吉侬死去。

我没有想到,剧终时查理咏唱的最后一首旋律简单的歌《我真的很爱你》,竟令我感动得热泪盈眶。

查理坐在阿尔吉侬的墓旁时,剧院里一片寂静。幕布落下,观众席上立即爆发出了热烈的掌声。查理拉着阿尔吉侬的手返回舞台谢幕时,阿尔吉侬踩着节奏转了一个小圈。

观众站起来欢呼。

首演之夜的兴奋实在难以言表,特别是当主人公和故事都出自你自己的创作时。在观众边称赞边离席之时,我和其他几个人前往萨尔迪餐厅参加通常会在首演日举办的庆祝晚宴。

参加晚宴的人包括出品人、赞助人、朋友、专栏作家和演员——有人把他们称为"时髦一族"。当晚11点,《纽约时报》将发表评论,这是高潮来临前的一场盛宴,也是一种仪式。我们对获得好评充满信心。梅尔·古索在之前发表的评论中,不是已经将在华盛顿的演出称为"一部震撼人心的音乐剧"了吗?

走进萨尔迪餐厅,我想起了自己年轻时在看完首演的"第二幕"之后躲进洗手间的窘况。但现在情况变了,我很高兴自己又回到了纽约。我的梦想实现了!

但过了一会儿,我感觉气氛变得紧张起来。人们开始向门外走。怎么回事?接着,我看到有人在接待室里看报纸。《纽约时报》到了。我感到一阵紧张。有人递给我一份报纸。弗兰克·里奇在评论中写道:"虽拥有异乎寻常的主人公和足够多的至理名言,却是一部非常普通并且有时令人讨厌的娱乐剧。"

大卫·罗杰斯的剧本和歌词受到了苛刻的批评:"罗杰斯先生通过他脑筋不健全的主人公讲述了一个平庸的故事,当晚的演出效果并不像创作者自诩的那般鼓舞人心……没有新意……几个简单的舞蹈也不能很好地将零散的情节联系在一起。"

里奇评论斯特劳斯创作的歌曲说："大部分很优美，但并不激动人心。"由于不知道唱段《明天》原本是为音乐剧《查理》所创，他还指责道："事实上，好几首歌都来自斯特劳斯先生的歌剧《安妮》，只是经过了大胆的改编而已。"

里奇认为这些歌"太过实用功利"。

唯一受到里奇称赞的是 P. J. 本杰明："他甜美、柔和的嗓音展现了查理获得的能力……正是这部音乐剧的魅力所在。"但是里奇认为扮演金妮安的女演员"被苍白的歌声束缚住了"。

里奇又补充说："当然，我不会忘记阿尔吉侬，这只可爱的小白鼠……只表演了一小段舞蹈。但我不得不承认，它在幕布落下之前悲惨的死亡令我十分痛心。"

"《查理与阿尔吉侬》不值得观众为它流那么多眼泪。"

我和宾客们离开萨尔迪的时候，餐厅里几乎空无一人。大家都没有说话。服务员清理摆满食物的餐桌时，整个餐厅都笼罩在颓唐的气氛之中。

出品人决定让《查理与阿尔吉侬》继续公演三十天。虽然获得了"托尼奖"最佳作曲提名，但它难以挽回败局，已经太迟了。弗兰克·里奇已经将其扼杀了。而且，正如他所说的，阿尔吉侬的死令他"十分痛心"。

好吧，我还能期待什么？是我坚持要这个悲惨结局的，所以不应抱怨。我的脑海中浮出最后一首歌的一段歌词："真的结束了……"

但是，它当然没有结束。

23 / 后来发生了什么

20 世纪 70 至 90 年代,我创作和发表了其他几部小说。在此期间,不断有制片人直接或者通过代理人联系我,希望获得拍摄电视电影《献给阿尔吉侬的花束》的权利。1961 年授权克利夫·罗伯逊拍摄电影之后,我一直以为自己仍拥有其他所有版权。

因而,只要法律文件上有"电视版权"一项,我都会坚持删除。罗伯逊之所以能够用极低的价格获得电影拍摄权,是因为我年轻且毫无经验。但即便在当时,我也认为代理人和律师提出的价格过低。

我因而坚持自己保留电视电影版权。

但影视圈的几个著名律师却持与克利夫·罗伯逊相同的观点,认为我不拥有电视电影版权。他们说,在与罗伯逊签订合同之后,我就不再拥有电视和电影的拍摄权,而仅仅拥有直播电视电影的权利。

而且,他们坚持认为没有人会做直播电视电影。

当我接到城堡娱乐公司购买电视电影版权的报价后,就根据"优先购买权"合同条款将其提交给了克利夫·罗伯逊。罗伯逊通过律师告知我,这些版权归他所有,因而我不能将其授予他人。

三年后,在城堡娱乐公司的帮助下,我回到比弗利山庄申请仲裁。

于是,在上次有关音乐剧的仲裁十年之后,我收到了这个消息:

仲裁决定书

仲裁申诉人有权开发、授权或以其他方式使用其著作《献给阿尔吉侬的花束》，根据与城堡娱乐公司的协议制作电视电影。

城堡娱乐公司总裁大卫·金斯伯格告诉《好莱坞报道》(Hollywood Reporter)："根据法律常识，我认为我们可以合法地获得这些权利。我的创作欲望使我非常想完成这个项目，我甚至认为值得我们花费几年时间进行诉讼，并最终获得有利于我们的仲裁结果。"

这部长达两小时的电视电影保留了原来的名字，计划由哥伦比亚广播公司在 2000 年作为"重磅"电影播出。我对约翰·皮尔迈尔（John Pielmeier）——《上帝的女儿》的作者——创作的剧本十分满意。查理的扮演者是马修·莫迪恩（Matthew Modine），看过他演的《鸟人》后，我就一直非常欣赏他。主要的拍摄工作于 1999 年 4 月开始，正好是中篇小说《献给阿尔吉侬的花束》首次在《奇幻与科幻杂志》发表四十年之后。

《献给阿尔吉侬的花束》从未被列入过"畅销书"，因为它持续销售了超过三十四年，而且销往世界各地。具体而言，班塔姆出版公司销售了将近五百万册平装版本。这部小说还被全国的各级学校作为教材讲授。

在日本，早川书房销售了一百五十万册精装书，其日语和英语版均被列入教授英语阅读与写作的教材。

此外，自发表以来，这部小说已出版 27 个外语版本。

在过去的四十年里，我不断地被问及两个问题："为什么写作？""为什么写这个特别的故事？"

我想起已故的沃尔特·特维斯曾经对我说的话，他写作《江湖浪子》《天外来客》《金钱本色》是"为了荣誉、金钱和对美女的爱"。我知道这些不是我写作的原因，并且对于这个问题，我从来没有一个现成的简单答案。我之所以写这篇回忆录，大约是想就此"总结"自己的写作经历。

最近，我收到了一份意想不到的礼物。它有关我的过去，并且回答了我"为什么"会成为一名作家的问题。

那天早晨，77岁的约翰·格伦、"挑战者"号航天飞机的机组人员和美国航空航天局的工作人员正在为航天飞机返回地球做准备，而我正在几千米外的佛罗里达可可海滩作家庄园准备第十七届作家年会的主题发言稿。

前一天晚上，我一直在煞费苦心地撰写演讲稿的结尾部分，但总是不满意，并因此而感到沮丧。第二天吃早饭的时候，我收到了一个厚厚的牛皮纸信封。信封里没有任何说明，只有大约30封学生来信。这些学生在信中讲述了自己阅读中篇小说《献给阿尔吉侬的花束》的感想。

我后来得知，信是由一些九年级学生写的，他们分属两个"天才班"，并将这些信作为课堂作业竞赛的一部分。我深受感动。由同学们选出的三名优胜者将获得奖励，由学校出资让他们和我一起参加作家年会。

演讲的时候，我并没有想好接下来该怎么说。但在结束演讲回答"为什么"写作之时，我想起了特维斯的话，写作是"为了荣誉、金钱和对美女的爱"，于是便引用了。接着，我大声朗读了当天早晨收到的几个获奖学生写的信。

亲爱的凯斯先生：

　　查理·戈登对知识的渴求为我们树立了榜样。我也想像他一样尽可能多地掌握知识。我很快就爱上了这个故事。

　　我想和其他人分享，于是就在电话里读给我的朋友听……他认真地听着，但一句话也没说。我以为他睡着了。可是，当我读完最后几句话，问他为什么沉默的时候，他啜泣着轻声说道："这是我听过的最动人的故事。"我们交谈了几分钟后，他告诉我，因为他有诵读困难的问题，所以深知有学习障碍的孩子在成长过程中是多么痛苦。这件事他过去从未告诉过朋友……谢谢您听我倾诉。

　　　　　　　　　　　　　　　　　　　　　　　　A.F.

亲爱的凯斯先生：

我从来都是个聪明的孩子，成绩优秀，而且一直在天才班上课。但是我把这些幸运都视为理所当然的事。在读您的小说《献给阿尔吉侬的花束》之前，我从未认真地想过自己是多么幸运。这部小说深深影响了我的生活，也影响了我对其他人生活的看法。我认识到，我们的社会对那些有心智障碍的人是多么冷漠。

有一个男人……住在离我祖母家不远的地方。每周五天，他都骑着自行车到他哥哥的苗圃去干活。看到我祖母坐在阳台前，他通常会停下来和她说几句话。虽然已经年过四十，但他的心智仍然像个孩子。我们每次看到他，他都会微笑着向我们招手，高兴地问候我祖母。

有一次他告诉我祖母，他在苗圃里移一棵两米多高的树，结果被树压倒了。他需要帮助，但是周围的人都在那里指指点点地笑话他。他的故事让我想起了和查理一起干活的工人，他们也是这样取笑查理的。

我认为您的小说为当今的文学做出了非常有益的贡献。通过创造性思考——例如对查理的行为，启迪了我们的心智；通过对查理的成功与失败的描述，激发了我们的情感。如果每一个人都读这部小说，那么我们社会就能为那些有心智障碍的人提供更多帮助，就会更善待他们。

谢谢您与我们分享这么精彩的故事。希望您能继续写下去。

S.B.

亲爱的凯斯先生：

我最近又读了一遍您写的《献给阿尔吉侬的花束》，很惊讶自己竟然忘记了这个故事是多么鼓舞人心并具有教育意义。我再一次受到了深刻的启发……

我之所以受到鼓舞,是因为它让我学会了耐心地对待那些比自己迟钝的人。我现在更愿意帮助他人,为他们提供支持。小说主人公纯净的心灵和内在的力量无可辩驳地说明了,我们今天的世界需要善良和知识。更重要的是,这篇小说使我(相信其他很多人也是如此)对自己的幸运学会了感恩。

K.R.

　　我指向坐在前排的几个学生,并把他们的信拿给听众看。"当那个男孩对我说'凯斯先生,我想变聪明'时,我便知道了该如何描绘查理的心声和性格。我把这个人物像鹅卵石一样投入了大海,时至今日,他仍然对年轻人产生着影响,就像对这三名学生一样。我刚才与大家分享的信正是他们写的,是我今天早晨收到的礼物。"

　　我读完信后大会便宣告结束,但我一直没有将这件事遗忘。小时候,喜欢读书的我一直想成为作家。三十多岁时,当我觉得如果不能出版一本小说就一定会死,而且正凝视着死亡的深渊的时候,我说:"感谢上帝,我终于完成了这部小说。"正是在那个时候,我知道自己已经是一名作家了。

　　现在我老了,当我读这些读者来信之时,我明白了自己"为什么"写作,而且知道自己"为什么"会尽可能一直写下去。之所以写作,是因为希望在自己离世之后,我的故事和著作仍然能像投入大海的鹅卵石一样,继续影响和感动更多人。或许,还会引起他们内心的冲突。

　　另一个经常被问及的问题是关于小说的结局。既然阿尔吉侬死了,是否意味着查理也死了?或者我有意不下定论,以便写续集?

　　正如之前所言,我不认为作家应当阐述或解释一部特定作品的意义或写作意图,因而我的答案总是"不知道"。

　　然而,在这些年里,我一直能感受到查理的存在。我只能说,我仍然能够看到五十年前在教室里的情景——他走到我的桌前对我说:"凯斯先生，我想变聪明。"

不论他在哪里，在做什么，我都不会忘记是他的话使我找到了打开故事和小说之门的钥匙。他的话感动了世界各地的无数读者和观众，也改变了我的生活。

因为他，我比与他相遇之前聪明了许多。

后记
"如果这样，会发生什么？"假设成为现实

在讨论《献给阿尔吉侬的花束》时，我发现不论是中学老师还是大学教授都会采用相同的方法，即让学生就"如果小说描述的事情成为现实，通过科技手段提高动物或人类智能是否道德"展开辩论。这个问题引发的讨论远比我预想的要早。

1999年9月2日早晨，在以为完成了这本书的最后一章后，我决定到最喜欢的一家餐厅去吃早餐，为自己庆祝一下。服务员端上了我点的食物，我边翻看《纽约时报》边吃起来。看到报纸第一版的大标题后，我惊讶得掉落了手中的叉子。

科学家创造出一只更聪明的老鼠
提高记忆形成能力终有一天会为人类提供帮助

五十多年前我在火车上突发的奇想——"如果我们能人为地增强人类的智力，会发生什么？"——竟然在普林斯顿大学的分子生物学实验室、麻省理工学院大脑和认知科学系，以及华盛顿大学圣路易斯分校的麻醉学和神经生物学系成为现实。

《纽约时报》报道了一篇当天发表在《自然》杂志上题为《老鼠学习和记忆基因增强》的文章。这篇文章的作者是普林斯顿大学神经生物学博士钱卓（Joe Tsien），他和他的研究团队改变了老鼠胚胎内的基因，并发现了"记忆形成的分级开关"。

NR2B基因对学习能力至关重要，因为它有助于构成作为特定化学信号——我们体验到的记忆——接收器的蛋白质。这样的接收器大量存在于幼鼠体内，在性成熟之后急剧减少。通过在老鼠胚胎内植入更多接收器，研究团队使胚胎能够发育为更聪明的老鼠。

钱卓博士还指出：这些被改变了基因的老鼠的后代"在执行任务时表现出超强的学习和记忆力"。科学家认为，通过基因改变增强了学习和记忆能力的成年人，或许能够拥有像年轻人一样的学习能力。

在若干项测试中，"聪明鼠"都胜过了"野生鼠"，例如记忆位置——隐藏在浑水下面的平台——的速度。此外，老鼠通常对熟悉的事物和新事物同样感兴趣，但是在这些测试中，"聪明鼠"却对新事物表现出了更大的兴趣，这是记忆熟悉事物能力增强的迹象。

在另外两项实验中，改变了基因的老鼠及其后代表现出了更强的情绪记忆能力，它们对危险的反应要比"野生鼠"更快。将"聪明鼠"放进盒子，然后用力摇晃，它们更快地学会了对盒子做出害怕的反应——退缩、奔跑、跳跃或发出吱吱的叫声。

当摇晃停止、危险不再与盒子相关时，"聪明鼠"更快地学会了不再害怕盒子。不论是条件反射行为还是非条件反射行为，这两个明显的生存特征都展现了科学家所谓的情绪记忆能力——神经心理学家现在将其称为"情商"。

我看了一眼还没有吃、已经变凉的早餐，付了钱，回到办公室继续读那篇文章。然后，我上网查社会对这些新的发现有什么反应。不出所料，在科学家和媒体中很快就出现了相互对立的意见。

哥伦比亚大学的顶尖脑神经科学家埃里克·坎德尔（Eric R. Kandel）博士赞扬了钱卓博士研究成果的质量和可靠性。他告诉《纽约时报》的记者，这一研究成果将首先被应用于医学领域，帮助那些失去记忆的人。但他认为，提高正常人智力的想法"道德上非常棘手"。他被引述说："这与改善有记忆缺陷的人的记忆能力不是一回事。干扰正常记忆的难度非常大。我不认为我们应当向社会强调智力是唯一重要的事情……也不希望人们过于简单化地认为,用这个方法就能够创造出一个优越的种族。"

索尔克研究所(Salk Institute)的史蒂文斯(Stevens)博士则认为,"学习能力过强也许并非好事……我们可能会被迫学习自己并不想知道的事情,使自己的大脑充斥着过多的信息"。

《时代》杂志发表的一篇报道,采用了一个科学怪人般的畸形儿童的插图,还引用了加利福尼亚大学洛杉矶分校神经生物学家阿尔西诺·席尔瓦(Alcino Silva)的话:"一切事物都是有代价的……通常的情况是,我们为了改善记忆而改变基因时,会损害其他方面。因而,这样做并非只有益处。"

以"经常批评生物技术"著称的杰里米·里夫金(Jeremy Rifkin)则指出:"你如何确知自己不会创造出一个精神怪物?我们可能正在为自己的灭绝编制程序。"

最后,我决定给普林斯顿大学首席研究员钱卓博士打电话。介绍了自己之后,我告诉他,我准备在自己的新书中简要地提及他的研究。他表示很荣幸。大体讨论了一下他的实验后,我问道:"你怎么看待有关通过增强智力将'基因工程'用于人类引发的道德批评?"

"所谓'增强'的定义事实上是基于何谓健康或者正常,"他说,"我现在36岁了,记忆力已经不像年轻时那么好了。这是衰老和死亡的一部分,还是一种疾病?许多我们曾经认为是衰老一部分的情况,现在被视为疾病。我们可以用药物来治疗记忆丧失。"

"我并不意在创造一个超级老鼠或者超级天才,"他说,"不过,我们已经找到了一个合适的基因——记忆形成的神奇开关。一个智商为120的人,在与智商在160至170之间的人进行比较的时候,往往会觉得自己有智力障碍。"

"这么说,你认为增强人类的智力是可能的?"

"是的。不过，从增强老鼠的智力到增强人类的智力是个巨大的飞跃，"他回答道，"我们要完成这个飞跃。会成功的。现在是我们应该讨论这些问题的时候了。"

《纽约时报》曾引用钱卓博士的话，说他认为这项技术能够改善人的智力，无论采用药物还是改变基因的方法都会对社会产生深刻的影响。于是我向他咨询了相关问题。

"文明是基于非凡的人类智力之上的，"钱卓博士答道，"这就是我们的社会和文明之所以能够发展的原因。如果有办法增强（人类）智力，那么看到社会进化的变化就不足为奇。"

我们还简单地讨论了《献给阿尔吉侬的花束》。

"当然，我看了这部小说，"他说，"大家都在谈论它。看完后我对自己说：'哇！天哪！他远远地走在了我们前面，我们永远也追不上！'"

但是，他们现在已经追上阿尔吉侬了。我禁不住想到世界上的那些"查理"。我问道："你认为还需要多长时间才能成功增强人类的智力？"

"你们作家总是走在我们前面。我们只是在追随。"

"需要多长时间？"

停顿了许久，钱卓博士答道："我预计在未来三十年。"

致谢

在这部自传中,我提及了大部分在我的写作生涯中出现过的人。在这里,我对他们再次表示感谢!

然而,还有一些人,我在中篇和长篇小说、电视电影、舞台剧及音乐剧发表和公演时都没有机会提及或者表示感谢。因而,我还要向下述人表示衷心的感谢。

好友莫顿·克拉斯不仅倾听我的想法,在霍夫曼岛陪我下棋,还把我介绍给科幻小说的作者、编辑以及"九头蛇俱乐部"的朋友。

通过莫顿,我结识了他的哥哥菲利普·克拉斯(笔名威廉·坦恩),他用大量时间阅读了小说的初稿,并提出宝贵建议。他是我认识的第一位专业作家,目光如炬,喜欢修辞遣句,而且善于表达自己的批评和赞许。读完中篇小说的初稿后,他对我说:"它会成为一部经典。"感谢他对我的鼓励!

在菲利普·克拉斯的推荐下,已故的罗伯特 P. 米尔斯先生买下了中篇小说《献给阿尔吉侬的花束》的原始版本,并将其发表于《奇幻与科幻杂志》。在他的帮助下,我踏上了今天的写作之路。我还要感谢水星出版社的埃德·弗曼(Ed Ferman)先生出版这部小说。

感谢三位律师为我所做的一切:洛杉矶的唐·恩格尔律师(Don Engel)在 1977 年为我赢得了音乐剧的版权,并成为我的代理律师。

后来,他又安排我前往坐落在比弗利山庄的威廉·莫里斯代理公司,在那里和罗恩·诺尔特(Ron Nolte)一起工作。罗恩不遗余力地为我争取契约权，并证明了公司对签约作家的支持。

莫里斯公司纽约办公室的年轻律师埃里克·佐恩（Eric Zohn）才华横溢，多少赞美之词都不够。每当遇到最棘手的法律问题，他都会为我提供帮助。而我的文学作品代理人、国际版权经理马西·波斯纳（Marcy Posner）总是充满活力地为我协商国外版权事宜。

感谢早川书房的早川宏（Hiroshi Hayakawa）先生在1978年将《献给阿尔吉侬的花束》引进日本。这部小说的精装版在日本印了五十万册。

猎户文学代理公司的代理人酒井立见（Tatemi Sakai）先生为我商定了《献给阿尔吉侬的花束》舞台剧演出事宜，以及小说《5个莎莉》日文版的合同。

日本塔特尔-莫里文学代理公司的代理人、莫里斯公司的子代理人甲斐美代（Miyo Kai），帮我与早川书房签订了其他大部分小说日文版的出版合同。

索尔·斯坦（Sol Stein）原来在斯坦与戴出版社就职，现在成为我的新独立编辑。他鼓励我完成和修改了这部自传。感谢他的洞察力以及建议。

感谢城堡娱乐公司总裁大卫·金斯伯格（David Ginsberg），以及斯托里莱恩娱乐公司的克雷格·扎丹（Craig Zadan）和尼尔·梅伦（Neil Meron）先生对我的信任和帮助。经过长期的诉讼，他们帮助我赢得了将这部小说拍摄成电视电影的权利。

感谢父母为我所做的一切。他们的恩情远非言辞所能诉说。父亲为我提供了读书的机会，并教导我要通过教育摆脱贫困。母亲则敦促我在追求自我完美的同时，不要忘记关爱他人。他们都给我布置了艰巨的任务。他们——尽管已过世多年——对我的一生和这本书都产生了持久而充满爱意的影响。

我还要对其他家庭成员表示感谢：

妹妹盖尔和妹夫埃德·马库斯（Ed Marcus）不但待我慷慨、热情，而且能够理解我。尽管在现实中我们的关系十分密切,但在写作之时,我的思绪往往处于另外的时空之中。

　　作为目光独到的编辑和尖锐的批评家,妻子奥雷娅一直陪伴在我身旁。既是女儿又是知己的莱斯莉·琼,阅读书稿并提出有用的建议,使我在写作时从不感到沉闷。女儿希拉里·安——也酷爱读书——充当了我的私人助理。从这部书的初始思路至最终定稿,她一直发挥着不可或缺的作用。感谢亲人们对我的容忍和鼓励,给予我一个作家在写作时所需要的情感支持。

　　最后,我要感谢那个智力有缺陷、想变聪明的男孩。正是因为他走到我面前对我说"凯斯先生,我想变聪明",才有了我笔下的查理·戈登和阿尔吉侬。尽管他不知道自己的话产生了什么影响,他的名字也不为人知晓,但是我和读者对他的感激之情却远非在这里所能言表的。

丹尼尔·凯斯
1999 年 10 月 31 日

《献给阿尔吉侬的花束》
原始中篇小说
丹尼尔·凯斯 1959，1987

近展[1]抱告-1

3月5日

斯特劳斯博士说，从现在开始，我因该写下自己想到和发生在自己生上的每一件事。我不知到为什么，可他说这非常重要，这样他们才会知道能不能用我。我希望他们用我。金妮安小姐说他们可能会把我变聪明。我想做个聪明人。我叫查理·戈登，37岁，两个星期前刚过完生日。我现在没有更多的事要写，所以今天就先写到这儿吧。

近展抱告-2

3月6日

我今天做了一个测验。我觉的我没有通过。我想他们现在可能不会用我了。事情是这样的，屋里有一个挺客气的年轻男人，拿着几张白色的卡片，上面洒了墨水。他说查理你在卡片上看到了什么。我很害怕，虽然我在口代里放了幸运兔脚。因为小时候我在学校考试总是通不过，还老是把墨水碰洒。我告诉他我看到了一块墨迹。他说对了，这让我感觉好多了。

---

1 编者注：本文为查理·戈登的进展报告，字、词以及标点符号的误用为原文的写作风格，故不删减修改。

我以为测完了，可是我站起来要走的时候，他拦住了我。他说查理现在坐下，我们还没有结束。后来我记不太清了，但是他想让我告诉他墨迹里有什么。我什么也没看见，但是他说里面有图话，其他人都能看到。我没有看见什么图话。我真的努力看了。我把卡片拿到近处，然后又放到远处。后来我说要是带眼近就能看得更好，我一般在看电影和电视的时候才带眼近，可是眼近在大厅的柜子里。我去拿了。然后我说再让我看看，我一定能看见。

我使劲看，但还是看不见什么图话，就只有墨迹。我告诉他，我可能需要一个新眼近。他在一张纸上写了几个字，我害怕测验没通过，就告诉他，这个墨迹很漂亮，边上有很多小圆点。他看起来很失望，所以我一定说错了。我说请让我再试试。我过一会儿一定能看见，因为我有时候比较慢。在金妮安小姐的成人慢班里，我看东西也慢，但我非常努力。

他又给了我一个机会，拿出一张有两种墨迹的卡片，红色的和蓝色的。

他很和气，说话像金妮安小姐一样慢。他给我解释，这叫"罗夏测验"。他说大家能从墨迹里看到东西。我让他告诉我在哪儿，可是他让我自己想。我告诉他说我就想到墨迹，可是又没有说对。他问我，它让我想到了什么。我闭上眼睛想了半天。我告诉他，我想到了一支钢笔，墨水都洒到了桌布上。然后他就站起来走了。

我想我没通过"罗夏测验"。

近展抱告-3

3月7日

斯特劳斯和奈莫尔博士都说不用想墨迹的事了。我告诉他们不是我把墨水弄到卡片上的，我在墨迹里也没看到任何东西。他们说大概还会用我。我说金妮安小姐从来没让我做过那样的测验，她只考拼写和阅读。他们说金妮安小姐说我是成人夜校慢班中最好的学生，因为我最奴力，而且最愿意学习。他们说查理你自己怎么想起来上成人夜校的，是怎么找到的。我说我问了其他人，有人告诉我在那里可以学阅读和拼写。他们说你为什么想学。我告诉他们，我一直都想做个聪明人，不想当笨蛋。但是变聪明太难了。他们说，你知道可能只是暂时变聪明吗。我说知道，金妮安小姐告诉我了。我不在意。

我今天后来又做了几个更疯狂的测验。我让那个和气的女士告诉我测验名字，还问她怎么拼写，这样我就能写到近展抱告里了。是叫"主题统觉测验"。前面两个词我不知道什么意思，但知道这个测验是干什么的。要是通不过，你的分数就会很低。这个测验看起来很简单，因为我能看见里面的图话。可是这次她没让我说里面有什么东西。我被弄糊涂了。我说昨天那个人让我说在墨迹里能看到什么，可是她说这个测验不一样。她让我讲一个和图话里的人物有官的故事。

我告诉她我又没见过他们，怎么讲故事啊。我说我为什么要撒谎。我再也不撒谎了，因为老是被打。

她说这个测验和上次那个"罗夏测验"都是为了了解人的个性的。我大笑起来。我说从墨迹和照片怎么看出来啊。她生气了，拿走了图话。我不在乎。真可笑。我猜这个测验我又没有通过。

后来几个穿白大褂的男人把我带到衣院的令一个地方，让我做一个游戏。好像是和一只小白鼠比赛。他们叫它阿尔吉侬。阿尔吉侬在一个盒子里，里面都是弯来转去的墙。他们给我一根铅笔和一张纸，纸上画着很多线条和格子。一边写着"开始"，另一边写着"结束"。他们说这叫迷工，阿尔吉侬和我要穿过同样的迷工。我不明白这怎么能叫同样的迷工，因为阿尔吉侬在盒子里，可我面前是一张纸。但是我什么也没有说。而且我也没有时间说，因为比赛开始了。

其中一个男人拿着一块表，但是他想藏起来不让我看见。所以我尽量不去看他，但那样我会紧张。做这个测验我感觉比其他的都更糟糕，因为他们让我们比了十次，都是不同的迷工，但每次都是阿尔吉侬赢了。我不知道老鼠这么聪明。大概是因为阿尔吉侬是一只白色的老鼠。大概白色的

161

老鼠比其他老鼠聪明。

近展抱告-4

3月8日

他们准备用我啦！我激动的都写不下去了。斯特劳斯博士和奈莫尔博士刚开始争了起来。斯特劳斯博士带我进去的时候，奈莫尔博士在办公室里。奈莫尔博士担心用我的事，但是斯特劳斯博士告诉他，金妮安小姐说我是她教过的最好的学生。我喜欢金妮安小姐，因为她是一个非常聪明的老师。她对我说，查理你还会有一次机会。如果你自愿做这个食验，你可能会变聪明。他们不知道会不会永远聪明下去，但这是一个机会。所以我就同意了，但我很害怕，因为她说要动手术。她说不要害怕查理，你不会有损失，反而有很大好处，我认为你是最适合的。

所以斯特劳斯和奈莫尔吵起来的时候，我很害怕。斯特劳斯说我有一点非常好，就是有很好的动机。我从来都不知道自己有。他说不是每个哀Q只有68的人都有这个动机，我感到很骄傲。我不知道动机是什么，也不知道我是从哪里有的。他还说阿尔吉侬也有。它的动机就是他们放在盒子里的奶酪。但我的动机不会是这个，因为我这个星期根本没吃过奶酪。

斯特劳斯和奈莫尔在说一些我不懂的事，我就记下了这些话。

他说奈莫尔，我知道查理不是你心目中的那个高智？（我不会写）的第一个新型超人。但是像他这种智力的人，大多数都不太友好，也不愿意合作，很难听进去你说的。可是查理性格很好，愿意学习，也很好相处。

可是奈莫尔博士说，别忘了他会是第一个通过手术提高智力的人累。

斯特劳斯博士说确实是这样。你看他智力这么低，没有人帮助，他的阅读和写作还学得这么好，真不容易。这说明他有很强的动机。这……不平常……，我说就用查理吧。

他们说的太快，我听不全。好像是说斯特劳斯博士同意用我，可是奈莫尔不同意。

后来奈莫尔博士点头说好吧,也许你是对的,我们就用查理。听他这么说,我高兴地跳起来去和他握手,谢谢他对我这么好。我告诉他,谢谢你衣生,给我第二个机会你不会后悔的。我会照你说的那样做。手术后我要奴力变聪明,我会非常奴力。

近展抱告-5

3月10日

我很害怕。很多在这里工作的人,还有护士和给我做过测验的人都跑过来送我糖果,祝我好运。我希望我有好运气。我把幸运兔脚、幸运币和马蹄铁都带在身上。唯一不好的就是,我去衣院的时候看见了一只黑猫。斯特劳斯博士对我说,查理不要迷信,这是棵学。但我还是一直带着幸运兔脚。

我问斯特劳斯博士,手术以后我是不是在比赛的时候就能赢阿尔吉侬。他说大概可以。要是手术成功,我就可以向那只小白鼠说我和它一样聪明,甚至比它更聪明。然后我的阅读和拼写都会更好,还能学会很多事情,我就能像其他人一样了。我真的想像其他人一样聪明。要是我能一直聪明,他们就能把全世界的人都变聪明。

他们今天早晨不给我吃饭。我不明白吃东西和变聪明有什么关系。我饿极了,可是奈莫尔博士拿走了我的糖盒,他不高兴了。可是斯特劳斯说手术以后会还给我,但手术前不能吃。

进展报告-6

3月15日

手术不疼。他在我睡着的时候做的。今天他们摘下了带在我眼睛和头上的纱布,这样我就可以写报告了。奈莫尔博士看了我写的一些报告,说我把"进展"写错了,还告诉我怎么写"报告"。我得改过来,记住。

我老是记不住拼写。斯特劳斯博士说没有关系,我记下来发生的事就可以，不过我应该多说自己的感觉和怎么想的。我告诉他，我不知道怎么想，他说努力就好。每次我的眼睛戴上纱布，我就试着去想。什么也没发生。我不知道想什么。也许我问他，他会告诉我怎么去想，因为我现在要变聪明了。不知道那些聪明人都想什么事。一定是有意思的事。我希望自己也知道一些有意思的事。

进展报告-7

3月19日

什么都没发生。我做了很多测试，还和阿尔吉侬做了好多不一样的比赛。我恨那只小白鼠，它总是打败我。斯特劳斯博士说我必须做这些游戏。他还说到时候我还得再做这些测验。这些墨迹真愚蠢，还有那些画。我喜欢里面有一个男人和一个女人的画，但是不会说别人的谎话。

我使劲想，结果头疼了。我以为斯特劳斯博士是我的朋友呢，可是他不帮我。他不告诉我应该想什么，也不说我什么时候才能变聪明。金妮安小姐没来看我。我觉得写这些报告也很愚蠢。

进展报告-8

3月23日

我要回面包店干活了。他们说我最好回去干活，但不能告诉别人手术是干什么的，而且每天晚上下工后要去衣院一小时。他们每个月会为我学习变聪明付给我钱。我很高兴能回去干活，因为我想念这个工作和所有的朋友，还有我们在那儿的好玩的事。

斯特劳斯博士说我必须继续把事情写下来，不过不用每天写，只写想到的或者特别的事。他让我不要失望，因为需要时间，而且很慢。他说在阿尔吉侬变聪明三倍之前也用了很长时间。它每次都赢我，是因为它也做了那个手术。这让我感觉好多了。我大概能比一般的老鼠先走出迷工。也许有一天我能打败阿尔吉侬。要能那样就太好了。不过直到现在，它看起来能够一直聪明下去。

3月25日

（我不用每次都在前面写进展报告几个字了，每星期交给奈莫尔博士看时才写。只写日期就可以。这样省时间。）

今天干活有很多好玩的事。

今天在面包店很高兴。乔·卡普说，看看查理在那里做的手术吧，看看他们给他脑袋里装了什么。我刚要告诉他，可是想起来斯特劳斯博士说不能说。然后弗兰克·赖利说，查理你干吗使劲开门，忘带钥匙了吗。他的话搞得我大笑起来。他们真是我的好朋友，他们喜欢我。

有时候有人会说，快看乔，或者说快看弗兰克像不像查理·戈登啊。我不知道他们干吗那么说，但是他们每次都笑得很开心。今天早上阿莫斯·博格向厄尼喊的时候，叫的是我的名字。厄尼丢了一个包装合。他说厄尼你为什么要学查理·戈登。我不知道他为什么那样说，我又没丢包装合。

3月28日

斯特劳斯博士今晚到我屋里来，看我为什么没去衣院。我对他说再不想和阿尔吉侬比赛了。他说我暂时不用和它比了，但毕须去衣院。他给我带来一个东西，但不是礼物，是借给我的。我以为是个小电视，但不是。他说我睡觉的时候要开着它。我说开什么玩笑，我睡觉的时候干吗打开。谁听说过这样的事。但是他说我要想变聪明，就要按照他说的做。我说我不觉得自己能变聪明，他把手放在我肩膀上，说查理你现在还不知道，但是你正慢慢变聪明。只是你还没有发现。我认为他是想让我感觉好点，因为我看起来没有变聪明。

差点忘了。我问他什么时候可以回学校去上金妮安小姐的课。他说不用去学校，金妮安小姐很快会专门来衣院给我上课。我做手术的时候她不来看我，我很生气，可是我很喜欢她，也许我们还能做朋友。

3月29日

那个讨厌的电视让我整夜都睡不了觉。它整个晚上都对着我的耳朵说话,我怎么睡得着。还有那些图片也很讨厌。我没睡的时候都不明白它说的是什么,睡着了又怎么会知道。

斯特劳斯博士说就是这样的,说我睡觉的时候脑子在学习,等金妮安小姐到衣院(我发现这不是衣院,是食验室)给我上课的时候,它能帮我。我觉得太可笑了。如果睡觉的时候能变聪明,那人们为什么要去学校呢。那个东西我不觉得有用。我会看晚上的节目,会看到很晚很晚,可是我没有变聪明。大概是看的时候必须睡着才行。

进展报告-9

4月3日

斯特劳斯博士告诉我怎么关小电视的声音,我现在可以睡着了。我什么都听不见。我还是不明白它在说什么。有几次我早晨又听了一遍,想知道我睡觉的时候学了什么,可是我觉得什么都没学会。金妮安小姐说那可能是另一种话,或者什么事。它大部分时间说的好像都是美国话。它说得比戈尔德小姐都快,她是我六年级的老师,我记得她说太快了,我听不懂。

我和斯特劳斯博士说,睡觉时变聪明有什么好的,我想醒着的时候变聪明。他说这是一回事,还说我有两个大脑。就是"潜意识的"和"意识的"(他们告诉我这样写的)。两个都不告诉另一个自己在干什么,也不说话。所以我才会做梦。哈哈,我现在会做奇怪的梦了。看了很晚很晚很晚的电视节目以后。

我忘了问他,是只有我,还是所有人都有两个大脑。

(我刚才用斯特劳斯博士给的字典查了,潜意识的,形容词,形容精神行动的本质,但不存在于意识中,因为潜意识和欲望相互冲突。)下面还有很多,可是我不懂。对像我这样的不聪明的人,这不是一本好字典。反正我头痛是因为参加聚会。面包店的朋友乔和弗兰克让我一起去酒吧。

我不喜欢喝酒,可是他们说会很好玩。我玩得很高兴。

乔让我给女孩表演在面包店打扫厕所,他给我拿来了一个拖把。我给他们表演了,我告诉他们多内甘先生说我是他最好的员工,因为我喜欢这个工作,我干得好,不晚来,也不请假,除了动手术的时候。他们听了都笑了。

我告诉他们金妮安小姐总是对我说,查理你应该为你的工作骄傲,因为你干得很好。

大家都笑了,我们都很高兴。我还喝了好多酒。乔说查理是张好牌。我不懂这是什么意思,可是大家都喜欢我,我们很开心。我真想马上就变得像我最好的朋友乔和弗兰克一样聪明。

我不记得聚会怎么结束的。好像是我出去给乔和弗兰克买报纸和咖啡的,可是我回去的时候已经没有人了。我找他们一直到很晚。后来的事我记不清了,可能是我睡着了或者病了。一位好心的警察把我送回家。这是房东弗林太太说的。

我头很痛,脑袋上还起了一个大包,身上青一块紫一块。我想可能是自己摔伤了,可是乔说是警察打的,因为他们有时候会打喝醉的人。我想不是这样的。金妮安小姐说警察是乐于助人的。反正我头很痛,我生病了,而且身上到处是伤。我以后再也不喝酒了。

4月6日

我赢了阿尔吉侬!我自己都不知道,还是那个给我测验的伯特告诉我的。但是第二场我输了,因为我太高兴了,还没比完就从椅子上掉下来了。后来我又连赢它八次。赢了像阿尔吉侬这么聪明的小白鼠,我一定是开始变聪明了。可我没觉得比以前聪明了。

我想和阿尔吉侬多比几次,可伯特说一天只能比这么多。他让我抱了阿尔吉侬一会儿。它没那么坏。它软得像个棉花球。它眨着眼睛,睁开的时候,眼睛的边上是黑色和粉色的。

我说我能喂它吗，因为我觉得打败它有点不好意思，我想对它好点，想和它做朋友。伯特说不行，阿尔吉侬是只特别的老鼠，它做了和我一样的手术。它是第一只做完手术还能长时间这么聪明的动物。伯特说阿尔吉侬特别聪明，它每天要解开一个难题才能吃到食物。比如打开门上的锁，那个锁每次都会变。所以它必须学习新东西才能吃到食物。我听了很难过，因为要是它学不会就要饿着。

我认为通过测试才能吃到东西是不对的。奈莫尔博士为什么要这样呢？我以后要和阿尔吉侬做朋友。

4月9日

今天晚上金妮安小姐下班后来了实验室。她看到我好像很高兴但又很担心。我说金妮安小姐不要担心，我现在还没变聪明呢，她就笑了。她说查理我对你有信心，因为你学习阅读和拼写比别人都努力。最坏的情况不过就是你只能聪明一段时间，但是你为棵学做了些事情。

我们看了一本很难的书。我从来没看过这么难读的书。书叫作《鲁滨孙漂流记》，讲了一个男人在荒岛上的故事。他很聪明，学会了各种事，所以有了房子和食物，他游泳也很好。只是我觉得他很可怜，因为他一直是一个人，他没有朋友。不过，我想岛上一定还有其他人，因为有一张画是他拿着一把可笑的伞看着地上的脚印。我希望他有一个朋友，不再是一个人。

4月10日

金妮安小姐教我拼写。她告诉我先看一个字，然后闭上眼睛一遍一遍念，一直到记下来。我老是把发音相近的字混在一起。在开始变聪明之前我老是用错。我不明白为什么要这么写，可是金妮安小姐告诉我没有为什么。

4月14日

看完了《鲁滨孙漂流记》。我想知道更多有关他的事，可是金妮安小姐说没有了。为什么?

4月15日

金妮安小姐说我学得很快。她看了一些我写的进展报告,她看我的样子很奇怪。她说我是个好人,我应该让大家看到。我问她为什么,她说没什么。她告诉我,要是我发现别人没有我想的那么好,不要难过。她说上帝给你的东西那么少,可是你比很多有脑子可是不用的人做的都要多。我说我的朋友都很聪明,也都是好人。他们喜欢我,也没有做过对我不好的事。后来她眼睛进了东西,就跑到厕所去了。

4月16日

今天,我开始学习用逗号,就是句号加一个小尾巴。金妮安小姐,说它很重要,因为,它能让你写的,更好,她还说,如果点,错,地方,有人,可能会丢,很多钱。我没有,钱,但是我不明白,为什么逗号,能让你,不丢钱,

但是她说,大家,都用逗号,所以我,也要用,

4月17日

我用错了逗号,应该叫标点符号。金妮安小姐让我看字典学习拼写那些很长的字。我说都会读了,为什么还要看。她说这是你学习的一部分,所以从现在开始我不确定会拼的字都要查字典。这样我写它们就要花很长时间,不过我觉得能记住的越来越多了。我只要查一次,以后就不会写错了。所以我能把标点符号这个字写对(字典里是这么写的)。金妮安小姐说句号也是标点符号,我还有很多标点符号要学。我告诉她,我以为所有的句号都有尾巴,但她说不是。

你要一起用它们,她说? 我说"怎么一起用(现在;我会! 在写的?时候,把所有的标点,一起用。这里,有很多规则? 必须学;不过我能记住了。

169

有一件事是我？想写的，亲爱的金妮安小姐：(商业书信就是这么写的，如果我做生意的话) 她总是给我一个理由"——我有问题时。她'是个天才！我希望！我能像，她；一样聪明"(标点符号，真；有趣！)

4月18日

我真笨！我根本听不懂她在说什么。昨天晚上我看了语法书，它解似了所有的事。我发现它和金妮安小姐想告诉我的一样，可我还是不懂。我半夜爬起来，突然所有的事都明白了。

金妮安小姐说那个在我睡觉时工作的电视起作用了。她说我到了一个平台，就好像山上的平顶。

明白怎么用标点符号以后，我把过去写的进展报告从头看了一遍。天啊！我有那么多拼写和标点错误！我告诉金妮安小姐我要把所有的错误都改过来，可是她说："不，查理，奈莫尔博士就想要它们原来的样子。所以他才在拍照之后让你自己保留，就是想让你看看自己的进步。你进步得很快，查理。"

她的话让我感觉很好。上完课我就跑去和阿尔吉侬玩。我们不再比赛了。

4月20日

我感觉身体里面病了。不是需要看医生的那种病，是觉得胸里被挤空了，同时觉得烧心。

我本来不想写这个，但感觉必须写下来，因为它很重要。今天是我第一次待在家里没去干活。

昨天晚上乔和弗兰克让我一起去参加聚会。聚会上有很多女孩。面包店的一些人都去了。我记得上次酒喝多了很难受，所以告诉乔我不想喝酒。他给我一瓶无糖可乐。它味道很怪，但我以为是我嘴里有怪味。

我们高兴地玩了一会儿。后来乔让我请埃伦跳舞，让她教我舞步。我摔倒了好几次，也不明白为什么没有人在埃伦和我旁边跳舞。我老是摔倒，因为有人总是把脚伸出来。

后来，我站起来的时候看到了乔脸上的表情，突然觉得胃很难受。"他真滑稽。"有个女孩说。大家都笑了。

弗兰克说："自从那天晚上在酒吧让他去买报纸，他被揍了一顿以后，我还没这么笑过。"

"快看他。他脸红了。"

"他脸红了。查理的脸红了！"

"嘿！埃伦，你对查理干了什么？我从来没有见过他像这样。"

我不知道怎么办或者跑到哪里去。所有人都看着我笑，我觉得自己好像没穿衣服一样。我跑到大马路上躺在地上。后来我自己走回了家。真可笑，我从来都不知道乔、弗兰克和其他人喜欢让我待在旁边，就是为了笑话我。

我现在知道"去拉查理·戈登一把"是什么意思了。

我真丢人。

进展报告-11

4月21日

我还是没去面包店。我请房东弗林太太给多内甘先生打电话说我病了。弗林太太后来看我的样子很奇怪，好像很担心我。

我觉得知道为什么别人都在笑话自己是件好事。我想了很长时间。是因为我太笨，不知道自己在做傻事。他们觉得一个笨人不能像正常人那样做事很好笑。

好在现在我知道自己每天都在变聪明。我学会了标点符号，也能正确拼写。我喜欢用字典查那些难写的字，而且我能记住。我在看很多书，金妮安小姐说我看得很快。有时候我还能明白自己看的东西，而且记在心里。有时候我闭上眼睛想着看过的一页书，它就会像画一样出现在我脑子里。

除了历史、地理和算术外,金妮安小姐说我应该开始学几门外语。斯特劳斯博士又拿来了一些录音带,让我在睡觉的时候放。但我还是不明白意识和潜意识是怎么工作的,不过他说我现在不用担心这个。他还让我保证,下个星期开始学习大学课程的时候,没有他的允许,我不能看任何心理学方面的书。

我今天感觉好多了,不过我还是有点生气,因为别人都在笑话我、捉弄我,就因为我不聪明。等我变聪明,像斯特劳斯博士说的那样,当我 68 的智商增加三倍时,大概就会像其他人一样,那别人就会喜欢我,会对我友好。

我不知道智商是什么,奈莫尔博士说它是衡量智力的东西,像药店里称东西的秤。可是斯特劳斯博士认为不是,他们争论了好久。斯特劳斯说智商不能体现出人有多聪明,只是告诉你,你的聪明能到哪里,就像量杯上的刻度,你还可以往里面增加东西让它上升。

后来我问了给我和阿尔吉侬做智商测验的伯特,他说他们两个都错了(我必须保证不告诉他们这是伯特说的)。他说智商测验要衡量很多不同的东西,包括你已经学会的,而且根本不是什么好方法。

所以我还是不明白智商是什么,除了我现在的智商很快就要超过 200 了。我不想说什么,但是我看不出它有什么用,既然他们不知道它是什么,或者它在什么地方——我也看不出他们怎么能知道你已经有多少智商。

奈莫尔博士说明天我要做罗夏测验。我很好奇它是什么。

4月22日

我知道罗夏测验是什么了。就是我在手术前做的那个——那个卡片上有墨迹的测验。给我做测验的是同一个人。

做这个墨迹测验,我怕得要死。我知道他会让我找出里面的画,也明白我做不到。我心想,要是有办法知道藏在里面的是什么画就好了。也许里面根本就没有画。也许它就是个花招,看看我是不是傻到去找根本不存在的东西。想到这儿我就很烦他。

"来吧,查理,"他说,"你以前见过这些卡片,记得吗?"

"我当然记得。"

听我说话的口气,他知道我生气了,看起来很吃惊。"那太好了。现在看这张。这是什么?你在这张卡片上看到了什么?人们从墨迹中能看到各种各样的东西。告诉我你看到了什么?让你想到了什么?"

我很惊讶。我根本没有想到他会这么说。"你是说,墨迹里没有藏着画?"

他皱着眉,摘下眼镜:"你说什么?"

"画。藏在墨迹里的。上次你说所有人都能看见,你让我也找出来。"

他解释说,上次他问的话和现在完全一样。但是我不相信,我还是觉得他在拿我开玩笑。除非——我再也不会知道了——是我那时候太低能了?

我们慢慢地看了那些卡片。其中一张好像是两只蝙蝠在扯什么东西,另一张好像是两个人在击剑。我想象出了各种各样的东西。我想自己是走神了。可是我再也不相信他了,我把卡片翻来翻去,甚至翻到背面去看有没有我要找的东西。他做记录的时候,我从眼角偷偷看他写了什么。但他写的是符号,像这样:

WF+A DdF-Ad orig.WF-A SF+obj

这个测验对我来说仍然没有什么意义。我觉得任何人都可以对根本没有真正看到的东西胡说八道。他怎么知道我没有骗他,告诉他根本没有想到的东西?等斯特劳斯博士允许我看心理学书籍之后,我或许就能明白了。

4月25日

我想出了一个操作面包店机器的新办法,这样多内甘先生每年可以省一万元用工费，还可以提高生产。他给了我 25 元奖金。

我想请乔和弗兰克出去吃午饭庆祝。可是乔说他要去给老婆买东西，弗兰克说他要和表兄一起吃午饭。我想他们需要一点时间习惯我的变化。大家似乎都很害怕我。我去找阿莫斯·博格，拍他肩膀的时候，把他吓了一跳。

大家都不再愿意和我说话，或者像以前那样开玩笑。我现在干活的时候很孤单。

4 月 27 日

今天我鼓起勇气邀请金妮安小姐明天和我一起出去吃晚饭，庆祝我得到奖金。

刚开始她不知道这样做是否合适，但是我问了斯特劳斯博士，他说没有问题。斯特劳斯博士和奈莫尔博士现在似乎相处得不好，总是争论。今天晚上我去问斯特劳斯博士是否能请金妮安小姐吃饭的事，听见他们在大声争吵。奈莫尔博士说那是他的实验和研究成果，斯特劳斯博士则争辩说他也同样做出了贡献，是他通过金妮安小姐找到了我，而且手术是他做的。斯特劳斯博士说，总有一天世界上数以千计的神经外科医生都会采用他的方法。

奈莫尔博士想在这个月底发表实验结果，但斯特劳斯博士认为应该多等一段时间，等结果确定再说。他还说奈莫尔对普林斯顿大学心理学系主任职位的兴趣要比实验本身更大。奈莫尔则说斯特劳斯是个机会主义者，沽名钓誉。

我离开的时候，发现自己在发抖。我不确定这到底是为什么，大概是因为我第一次看到了他们的真实面孔。我记得伯特说过，奈莫尔博士的妻子是个泼妇，总是逼着他发表成果，想让他成名。她的梦想就是让丈夫成为大人物。

斯特劳斯博士真的沽名钓誉吗？

4月28日

我不明白自己为什么从来没有注意到金妮安小姐有多漂亮。她有一双棕色的眼睛和一头垂肩的棕色秀发。她只有34岁！我想大概是因为我从一开始就觉得她是一个难以接近的天才——而且非常、非常老。可是现在，每次见到她，我都觉得她越来越年轻漂亮了。

我们吃晚饭的时候进行了一次长谈。她说我很快就会把她抛在后面，因为我进步太快了。我听了大笑起来。

"我说的是真的。你看东西已经比我快了。你看一眼就能读完一整页，可我只能看几行。而且你能记住所有看过的东西。我能记住主题思想和大概意思就不错了。"

"我并不觉得自己有多聪明。我还有很多东西搞不明白。"

她拿出香烟，我帮她点好。"你要有耐心。正常人要用半生时间获得的东西，你在几天或几周内就得到了。这就是它的神奇之处。你现在就像一块巨大的海绵，把所有的东西——事实、数据和常识——都吸收进去。用不了多久，你就会把它们联系起来。你会发现不同体系的知识是如何联系在一起的。这里有很多的层级，查理，就像是一个巨大的梯子上的台阶，你爬得越高，看到的世界就越宽广。

"你现在看到的还只是其中的一小部分，查理，可我却不会比现在爬得更高。你会不停地向上攀登，看到越来越多的东西。每登上一个台阶，就会看到一个全新的世界，那是你不曾想象过的。"她皱起了眉头，"我希望……我只希望上帝……"

"什么？"

"没什么，查理。我就是希望一开始劝你做手术没有错。"

我笑起来："怎么会呢。手术是有效的，不是吗？甚至阿尔吉侬都一直聪明。"

我们沉默地坐了一会儿。从她看我摆弄我的幸运兔脚和钥匙链的眼神，我就知道她在想什么。我不愿意想象那种可能性，比老年人不愿意想到死亡更甚。我知道这仅仅是开始。我明白她说的台阶是什么意思，因为我已经看到了一些。一想到将把她抛到身后，我不禁伤感起来。

我爱上了金妮安小姐。

进展报告-12

4月30日

我辞去了在多内甘先生塑料盒公司的工作。他认为这样对所有的人都有好处。我做了什么，让他们这么恨我？

第一次知道他们恨我，是多内甘先生让我看一份请愿书的时候。请愿的840人都与工厂有关，除了范妮·格登。飞快地扫了一遍名单，我立即发现她是唯一的例外，其他人都要求解雇我。

乔·卡普和弗兰克·赖利拒绝和我谈这件事。除了范妮·格登以外，没有一个人愿意和我说。在我认识的人里，只有她只关心自己心里的事，对别人说的、做的或者证明的事都毫不关心，而且也不认为应当解雇我。她原则上反对请愿，尽管受到很多压力和威胁。

"但这不意味着，"她说，"我不觉得你有很多奇怪的地方，查理。我不知道你到底是哪儿变了。你过去是一个善良、随和的普通人——可能不太聪明，但是很诚实。不知道你对自己做了什么，一下子变得这么聪明。就像大家说的那样，查理，我觉得不应该。"

她低头看着手中的活，我只好转身离开。她没有看我，说道："夏娃听了蛇的话吃了智慧树上的果子，这是邪恶的。她看到自己裸露的身体也是邪恶的。若不是因为这个，我们就不会变老、生病和死去。"

现在，我再次感到内心被羞辱感煎熬着。智力把我和自己曾经熟悉和喜爱的人分离开了。过去，他们因为我无知而取笑和轻蔑我；现在，他们却因为我的知识和理解能力而憎恶我。

他们把我赶走了，我现在比以前更加孤独了……

5月15日

斯特劳斯博士很生气,因为我已经有两个星期没写进展报告了。他生气是有道理的,因为现在实验定期给我发工资。我告诉他,我在忙着思考和阅读。另外,用手写太慢了,而且看着自己糟糕的笔迹我很不耐烦。于是他建议我学打字。现在写东西容易多了,因为我一分钟能打近75个字。他还提醒我说话和写东西要尽量简洁,这样别人才能理解。

我试着回忆过去两个星期发生的事情。上星期二他们带我和阿尔吉侬参加了美国心理协会召开的大会,和世界心理学会的人坐在一起。我们引发了相当大的轰动,奈莫尔博士和斯特劳斯博士为此感到非常骄傲。

我猜想这是因为60岁的奈莫尔博士——比斯特劳斯年长10岁——认为有必要让大家见识一下他的工作成果。毫无疑问,他的太太施加了压力。

与过去对他的印象相反,我发现奈莫尔博士根本不是什么天才。他脑子不错,但总是在自我怀疑的阴影下挣扎。他想让大家把自己视为天才,所以认为让世人接受他的工作成果非常重要。我认为他之所以不愿意拖延,是害怕有人沿着这条线索,做出新的发现,抢走他的荣誉。

另一方面,斯特劳斯博士大概可以算个天才,尽管我觉得他的知识领域很有限。他接受了狭窄的传统专业教育,却忽略了更为重要的、更广泛的背景知识教育——甚至没有学过神经外科。

我惊讶地发现,斯特劳斯博士能够阅读的古代语言只有拉丁语、希腊语和希伯来语,而且除了最基本的变分法外,对数学可以说一无所知。当他向我承认这一点的时候,我发现自己几乎愤怒了。就好像他为了欺骗我,把自己的一部分隐藏了起来,装作自己什么都懂。我发现很多人都是这样。我认识的人没有一个是他表面看起来的样子。

奈莫尔博士和我在一起的时候似乎很不自在。有时候我想和他说话,他就用奇怪的眼光看着我,然后转身离开。斯特劳斯博士说我让奈莫尔感到自卑。我一开始很生气,以为他在嘲笑我。我对别人笑话自己过于敏感了。

我怎么会知道，像奈莫尔这样备受尊敬的心理学家和实验专家居然不懂印度语和中文？在此情况下，评论印度和中国在该领域的研究成果岂不荒唐。

我问斯特劳斯博士，如果根本读不懂原文，奈莫尔如何回应拉哈贾马蒂对他研究方法和结果的质疑？斯特劳斯脸上奇怪的表情只能说明：他不想告诉奈莫尔那些人用印度文说了什么，或者——正如我担心的那样——他自己也看不懂。我说话和写东西都必须小心，要写得清楚、易懂，这样才不会让人笑话。

5月18日

我心绪不安。昨天晚上我见到了金妮安小姐，这是一个多星期以来的第一次。我避免和她谈论高深的概念问题，只聊些简单的日常话题。可是她茫然地望着我，问道：与多贝尔曼第五协奏曲相应的数学方差是什么意思？

我刚要解释，她便大笑着制止了我。我对自己很生气，因为我不该和她谈论这么难的问题。然而，不论我和她聊什么，都很难交流。我必须再看看沃尔斯塔特在《语义进展的层次》中提到的方程式。我发现自己现在很少与人交流，幸亏还有书、音乐和我能思考的问题。大部分时间我都独自待在从弗林太太那里租来的公寓里，很少和人说话。

5月20日

吃晚饭的时候，我发现餐厅角落里站着一个新来的洗碗工。他是一个大约16岁的男孩。若不是他失手摔碎了盘子，我不会注意到他。盘子掉到地上摔成了碎片，一些白色的瓷片滚到了桌子下面。男孩很害怕，不知所措地站在那里，手里仍然端着那只空托盘。顾客吹着口哨、尖声叫着（"嘿，破产啦！"……"祝你好运！"……"这下好了，他在这里干不下去了！"……）。随后响起了摔玻璃杯或盘子的声音，就像在餐厅里经常发生的那样。男孩被眼前的景象吓呆了。

店主走过来看为什么这么热闹，男孩就好像准备挨打似的缩成了一团，还举起双臂，仿佛要抵挡拳脚一般。

"好！好，你就摔吧！"店主吼道，"别站在这儿！快去拿拖把，把这里擦干净。拖把……拖把，你这个白痴！在厨房里。把这里打扫干净！"

男孩发现自己不会受到惩罚，害怕的表情消失了。拿着拖把回来打扫的时候，脸上露着笑容，还哼着歌。几个闹得最欢的顾客仍然在叫骂着取乐。

"这儿，孩子，你后面还有好大一块……"

"过来，再擦一遍……"

"他可不傻。把盘子摔碎总比洗盘子要容易啊……"

男孩茫然的目光扫过乐不可支的围观者，脸上慢慢地随着他们露出了微笑，最后跟着大笑起来。这个笑话他显然听不懂。

望着他呆痴、茫然、孩子般明亮的眼睛和不知所措却急于取悦的笑脸，我非常难受。他们嘲笑他，是因为他智力迟钝。

而我刚才也跟着笑了。

突然，我对自己和所有嘲笑他的人感到愤怒。我跳起来大叫道："别笑了！不要捉弄他！这不是他的错，他根本听不懂！他不知道自己在做什么！看在上帝的分儿上……他也是人！"

餐厅里安静下来。我为自己情绪失控、让大家感到尴尬而内疚。我没有看那个男孩，为自己没有动的食物付了钱，然后走出了餐厅。我为自己和那个男孩感到羞愧。

诚实、敏感的人不会欺辱身体或眼睛有残疾的人，但为什么会嘲弄天生智力低下的人呢？想到就在不久之前，我自己也像这个男孩一样愚蠢可笑，我不禁感到愤怒。

可是我几乎忘记了这些。

我把查理·戈登过去的形象隐藏起来，想把他从心中抹去，因为我现在变聪明了。但是，今天看着那个男孩的时候，我第一次看到了曾经的自

179

己。我和他一模一样！

就是在不久之前，我才发现人们在捉弄自己。可是我现在发现，我在不知不觉地和他人一起嘲笑着自己。这是最令我痛心的。

我经常重读自己写的进展报告，看到了自己错误百出、孩子般天真的诉说，正如同一个智力低下的人在黑暗的房间里透过钥匙孔窥视着外面阳光灿烂的世界。我发现即使是在最傻的时候，我也明白自己不如他人，缺少其他人有的一些东西——所以别人才不接受我。由于智力低下，那时候我以为这种状况与阅读和写作能力有关。所以我相信，只要具备了这些能力，我自然就会变聪明。即使是弱智的人也想变得和其他人一样。婴孩可能不知道如何喂饱自己或者吃什么，但是他知道自己饿了。

我过去就是这个样子，但是我自己不知道。而且在智力增长之后，我依然没有真正意识到。

那天发生的事对我很有帮助。我清楚地看到了过去的自己，决定用自己的知识和能力，为提高人类的智力水平做点事情。有谁比我更适合从事这个工作？又有谁曾经在这两个世界都生活过？他们是和我一样的人，让我尽自己的能力为他们做点事情吧。

明天我要和斯特劳斯博士讨论一下，看看我在这个领域能做些什么。我或许能帮助他将曾经用在我身上的技术广泛推广。我有一些好想法。

用这项技术大概能做很多事情。既然我能够成为天才，那么成千上万像我一样的人为什么不能？倘若将这项技术用于正常人，会将他们的智力水平提高到何种不可思议的程度呢？那如果将这项技术用在天才身上呢？

存在非常多的可能。我已经迫不及待了。

进展报告-13

5月23日

今天终于发生了。阿尔吉侬咬了我。我去实验室看它，就像我有时候会做的那样。我把它从笼子里拿出来的时候，手被它狠狠地咬了一口。我把他放回去，观察了一会儿。它今天异乎寻常地焦躁不安、充满敌意。

5月24日

我从负责管理实验动物的伯特那儿听说，阿尔吉侬变了。它不像以前那样愿意合作，而且拒绝走迷宫，总体动机也下降了。它一直不吃东西，这令大家非常不安。

5月25日

他们一直在给阿尔吉侬喂食，因为它拒绝再玩开锁的游戏。大家都把阿尔吉侬的情况与我相比较，因为我们都是这个手术的第一个试验者。他们都假装认为阿尔吉侬的情况对我没有那么重要。然而，难以掩盖的事实是，其他做了这个手术的动物也出现了异常情况。

斯特劳斯博士和奈莫尔博士不再让我去实验室了。我知道他们在想什么，但是我不能接受。我正在执行自己的计划，我要把他们的研究向前推进一步。虽然尊敬这两位优秀的科学家，但是我很清楚他们的局限。如果有解决这个问题的答案，那也要由我为自己找到。突然间，时间对我而言变得异常重要起来。

5月29日

他们给了我一间实验室，并允许我进行自己的研究。我把一张小床搬进实验室，夜以继日地埋头工作。我把大部分的写作时间都用来记笔记。我把笔记放在一个单独的夹子里，但不时感到有必要根据习惯记下自己的心情和想法。

我发现智力微积分是一个十分有趣的研究课题。我掌握的所有知识在研究中都能够派上用场。在某种意义上，这是我一生都在关注的问题。

5月31日

斯特劳斯博士认为我太过努力。奈莫尔博士则说，我想用几个星期的时间来解决需要毕生研究和思考的问题。我知道自己需要休息,然而被内心的什么东西驱使着,我根本停不下来。我必须找到导致阿尔吉侬智力急剧减退的原因。我必须知道这种情况是否以及什么时候会在我身上发生。

6月4日

我把写给斯特劳斯博士的信抄在这里。

亲爱的斯特劳斯博士:

我把自己写的一份报告放在另外一个信封里抄送给你,希望你能阅读并将其发表。这份报告题为《阿尔吉侬-戈登效应:增长智力的结构和功能研究》。

正如你所看到的,我的试验已经完成了。我将自己采用的所有公式都写进了报告,并将数学分析放在了附件里。当然,这些结果都有待验证。

鉴于它对你和奈莫尔博士都很重要(不用言明它对我的重要性吧?),我对其进行了反复的检验、核查,希望能发现谬误。然而,我并未发现错误。因此,我的论证是站得住脚的。令我欣慰的是,我为人类大脑功能和人工智力增强研究做出了一点贡献。

我记得你曾经说过,对于知识的进步而言,一个实验或者一个理论的失败与成功同样重要。我现在认识到的确如此。但遗憾的是,我对这个领域做出的贡献,必须基于对前人研究成果的否定之上,而他们是我极为尊敬的人。

查理·戈登　敬上
报告附上

6月5日

我必须避免情绪化。我的实验数据和结果清楚地说明,尽管我的智力迅速增强,但不能掩盖如下事实:斯特劳斯博士和奈莫尔博士使智商增长三倍的外科手术，在当前对人类智力的增强只有很小或者没有现实意义。

我翻阅有关阿尔吉侬的记录和数据时发现，虽然生理年龄尚处于婴儿期，但它的神经已经衰退，而且运动能力受损、腺体活动普遍减少、协调功能迅速丧失。

从我的报告可以看出，这些和其他生理及神经衰退现象，可以通过采用我的公式得出的具有统计学意义的结果加以预测。

我和阿尔吉侬接受的手术，刺激和加速了神经衰退过程。这个意想不到的发展——我将其称为"阿尔吉侬-戈登效应"，是智商加速增长的逻辑延伸。

已证实的假设可以简单表述为：人为增长智商的减退速度与增长数量成正比。

我认为这个事实本身就是一个重要的发现。

只要尚能写作，我就会在进展报告中记录下自己的想法。这是我为数不多的乐趣之一。然而，所有的迹象都表明，我的智力将会迅速衰退。

我注意到自己已经出现了情绪不稳定和健忘的迹象，这是衰退的第一个症状。

6月10日

衰退在继续。我变得心不在焉。阿尔吉侬在两天前死了。解剖结果证明我的预测是正确的。它的大脑萎缩了。

我猜想同样的情况会很快就会在我身上发生。现在已确定无疑，但我不想让它发生。我把阿尔吉侬的尸体放在一个奶酪盒里，埋在后院。我哭了。

6月15日

斯特劳斯博士又来看我了。我没有给他开门，让他走开。我想一个人待着。我变得敏感、易怒。我感到黑暗即将降临。很难摆脱自杀的念头。

我不断告诫自己,记录下内心的想法有多么重要。

拿起一本几个月前还很喜欢的书,却发现自己不记得了。这种感觉很奇怪。我记得曾经认为约翰·弥尔顿很伟大,可现在拿起他的《失乐园》,我却根本看不懂。我非常生气,把书使劲扔了出去。

我必须努力留下一点东西。我学到的一些东西。上帝,不要把它们都拿走!

6月19日

有时候,在晚上,我出去散步。昨天晚上我忘记了自己住在哪里。一个警察把我送回了家。我有一个奇怪的感觉,很久以前这些事情过去都在我身上发生过。我不停地告诉自己,我是世界上唯一能够说出在我身上发生了什么的人。

6月21日

为什么我什么都不记得了?我必须斗争。我在床上躺了好几天,不知道自己是谁,也不知道在哪里。然后,我又突然都想起来了。失忆症。衰老的症状——第二个童年。我能看到它们出现。真是残酷的逻辑。我学得太多、太快,所以思维才会迅速衰退。我不能让它发生,我要斗争。我不禁想起了餐厅里的那个男孩,他脸上茫然的表情和傻笑,还有嘲笑他的那些人。不要——请——不要再让它发生……

6月22日

我忘记了最近刚学到的东西。这似乎是遵循了一个经典的模式——最后学的东西,最先忘掉。这是一个模式吗?

我得再查查。

我重读了自己写的"阿尔吉侬-戈登效应"。我觉得很奇怪,好像它是别人写的。有些地方我甚至看不懂。

运动能力受损。我不停地碰倒东西,打字也越来越困难了。

6月23日

我彻底放弃使用打字机了。我的协调能力太差。我感觉自己的动作越来越慢。我今天受到了可怕的打击。我拿起了一篇做研究时用过的文章——克鲁格写的《论心理健康》，想看看它是不是能帮我搞清楚自己都做了什么。开始我以为自己的眼睛出了问题，后来我才意识到自己再也看不懂德文了。我又试了试其他语言。都看不懂了。

6月30日

自从我敢再动手写东西已经过去一个星期了。就像沙子从指缝里流走一样，我把学到的东西都忘了。我拥有的书现在对我来说大部分都太难了。我很生它们的气，因为我知道就在几个星期之前我还能看懂它们。

我不断告诉自己，必须坚持写进展报告，这样才有人知道在我身上发生了什么。可是用词和记住拼写越来越困难了。现在就是最简单的词我都得查字典，所以我对自己很没有耐心。

斯特劳斯博士差不多每天都过来，可是我告诉他，我谁也不见，也不会和人说话。他感到内疚。他们都很内疚。可是我谁也不怪。我知道可能发生什么。但我还是很痛苦。

7月7日

我不知道日期。但我知道今天是星期天，因为我从窗户可以看到人们去教堂。我想我这个星期都躺在床上，但记得弗林太太给我送过几次食物。我一遍遍地对自己说，必须做点事，但一会儿就忘了，也许不去做那些我说的事更容易。

这些天我老是想起妈妈和爸爸。我发现了一张他们和我在海边的照片。爸爸的胳膊下面夹着一个大球，妈妈用手搂着我。他们在照片中的样子我不记得了。我只记得爸爸老喝醉，为了钱的事和妈妈吵架。

爸爸不爱刮胡子，抱我的时候胡子总是扎我的脸。我妈妈说他死了，可是表哥米尔蒂说他听父母说我爸爸和一个女人跑了。我问我妈妈的时候,她扇了我一耳光,说我爸爸死了。我想我永远都不会知道谁说的是真的,可是我不怎么在乎。(爸爸说要带我去农场看牛,可是从来没带我去过。他说话总是不算数。)

7月10日

房东弗林太太很担心我。她说我每天待在屋里什么都不干,让她想起了自己的儿子,他在被赶出家门之前也是这样的。她说她讨厌好吃懒做的人。如果我病了是一回事,可是如果我懒得干事儿,那就是另一回事,她不能让我这样。我告诉她,我觉得自己病了。

我每天都试着看点东西,大部分是小说。但有时候我不得不反复读一个东西,因为我不明白是什么意思。写东西也很困难。我知道每个字都应该查一下字典,但是太难了,我老觉得累。

后来我有了一个主意,只写简单的词句,不写那些又长又难的。这样省时间。我每星期都去阿尔吉侬的墓献上一束花。弗林太太觉得我给一个老鼠的墓献花是疯了,可是我告诉她,阿尔吉侬很特别。

7月14日

又是星期天了。我没事可做,因为我的电视机坏了,我没钱修。(大概是因为我几个月都没从实验室领到钱了。可我不记得了。)

我头疼得厉害,吃阿司匹林也没用。弗林太太知道我真的病了,为我感到难过。她对生病的人特别好。

7月22日

弗林太太请了一个陌生的医生来给我看病。她担心我会死。我告诉医生我的病不厉害,就是有时候爱忘事。医生问我有没有朋友或者亲戚,我说没有。我告诉他,我曾经有一个叫阿尔吉侬的朋友,不过它是一只老鼠,我们经常比赛。他看着我的样子很可笑,他一定觉得我疯了。

我告诉他,我曾经是个天才,他笑了。他和我说话的时候就好像我是个婴儿,他还冲弗林太太挤眼睛。我气疯了,把他赶走了,因为他像其他人一样嘲笑我。

7月24日

我没有钱了,弗林太太说我必须干活挣钱来付房租,因为我两个多月没付房钱了。除了我过去干活的多内甘塑料盒公司,我不知道去哪儿找工作。可是我不想去那里,因为那里的人在我聪明的时候都认识我,他们可能会笑话我。可是我不知道还能去哪里挣钱。

7月25日

我在看自己过去写的一些进展报告,可笑的是我竟然看不懂自己写的东西。我能认出一些字,可是不明白是什么意思。

金妮安小姐来到我的门前,但我让她走,说不想看到她。她哭了,我也哭了,可是我不能让她进来,因为我不想让她笑话我。我告诉她,我不再爱她了。那不是真的。我还爱她,仍然希望自己聪明,但是我必须这样说,好让她走。她把房租给了弗林太太。我不想让她这么做。我必须去找个工作。

请……请不要让我忘记怎么读书和写字吧……

7月27日

多内甘先生真好,答应让我回去干原来那份小工的活。他一开始有点怀疑,但我告诉他发生了什么后,他看起来很难受,把手放在我的肩膀上说,查理·戈登你很勇敢。我走下楼,开始像过去一样打扫厕所的时候,所有人都看着我。我告诉自己,查理,如果他们和你开玩笑,不要生气,因为他们并不像你过去认为的那么聪明。而且他们曾经是你的朋友,如果他们笑话你,说明不了什么,因为他们也喜欢你。

我走之后新来的一个人说了一句讨厌的话,他说查理,我听说你是一个非常聪明的人,通过了很多测验。就是说智力特别高。我很难受,但是乔·卡普走过来抓住他的衣服说,别招惹查理,你这个混蛋,否则我折断你的脖子。我没想到乔会这么帮我,所以我觉得他是我真正的朋友。

后来弗兰克·赖利也走过来说,查理要是有人给你捣乱或者欺负你,就叫我或者乔,我们会把他揍扁。我说谢谢弗兰克,然后就想哭,所以我不得不跑到库房不让他看见我哭。有朋友真好。

7月28日

我今天做了件蠢事,我忘了自己早就不是成人中心金妮安小姐班上的学生了。我走进去坐在教室后排自己原来的座位上。她看我的样子很可笑,还叫我查尔斯。我不记得她过去这么叫过我,她都是叫我查理。所以我就说你好金妮安小姐,我准备好今天的课了,可是我把过去用的书丢了。她哭起来,跑出教室,大家都看着我,我发现他们不是我班上原来的那些学生。

然后我突然想起了一些事,是关于手术和变聪明的事,我想那时候我真的拉了查理·戈登一把。我在她回来之前走开了。

这就是我要离开纽约的原因。我不想再发生这样的事。我不想让金妮安小姐为我难受。工厂的人都为我难受,我也不想让他们那样,所以我要去一个没有人认识曾经是天才,可是现在甚至不会读书、不会写字的查理·戈登的地方。

我带了几本书,就算是不懂也要努力看,也许我不会把学到的都忘了。如果我努力,我也许能比做手术前聪明一点。我带着我的幸运兔脚和我的幸运币,也许它们能帮我。

金妮安小姐如果你能看到这个不要难过,我很高兴我有第二次变聪明的机会,因为我学到了很多过去不知道的东西,我很高兴我都看到了一点。我不知道我为什么又变傻了,或者做错了什么,也许是我努力得不够。但是如果我努力地学习和练习,也许我能聪明一点,就能认识所有的字。我还记得一点那本书,就是皮破了的那本蓝色的书,看的时候感觉特别好。所以我要一直努力变聪明,这样我就能再有那种感觉。我真希望我现在就有那本书,如果我有就会坐下来经常看。不管怎么说,我打赌,我是第一个发现了一些对科学重要的事的笨人。我记得我做了一些事,但不记得是什么。所以我猜,大概是为所有像我一样笨的人做了什么。

再见金妮安小姐和斯特劳斯博士,再见所有的人。

另外,请告诉奈莫尔博士,大家笑他的时候不要那么生气,要不然就没有朋友了。要是不在意大家笑话你,就很容易交到朋友。在我要去的地方,我会有很多朋友。

还有,如果有机会,请到后院阿尔吉侬的墓前献上一束花。